Johann Friedrich von Cronegk

Blüten des Geistes des Freiherrn von Cronegk

Johann Friedrich von Cronegk

Blüten des Geistes des Freiherrn von Cronegk

ISBN/EAN: 9783744609036

Hergestellt in Europa, USA, Kanada, Australien, Japan

Cover: Foto ©ninafisch / pixelio.de

Weitere Bücher finden Sie auf **www.hansebooks.com**

Blüthen
des Geistes

des Freyherrn

Joh. Fried. von Cronegk.

In

Zweyen von seinen

bisher nie gedruckten Stücken.

Straßburg,
bey Johann Friederich Stein.
1775.

Bey Gelegenheit folgender noch nie gedruckter Stücke des seligen von Cronegk, möchte ich ein Paar Gedanken über das dramatische Talent dieses um seines Herzens willen allgemein beliebten Dichters äuffern.

Es giebt meiner Einsicht nach nur zwey Gattungen dramatischer Vorstellungen. In der einen, die ich die historische nennen möchte, giebt die Geschichte den Stoff her, den der Geist des Dichters zu seinem Zweck aus= arbeiten muß; das heißt, sie legt in wenigen rohen Zügen die Karaktere dar, die unter Zusammenlauf gewisser Umstände eine be= kannte äusserst wichtige und rührende Eräug= niß verursachen. In der andern, die ich un= ter dem allgemeinen Namen Komödie be= greife, erschafft der Dichter den Stoff und Zeug selber, den er zu ausserordentlichen und erschütternden Wirkungen nach Willkühr zu= sammen setzt.

In der ersten kann er nur dann von der Geschichte abweichen, wenn die Wahr= heit (wie es in der Natur oft zu ge= schehen pflegt) nicht Wahrscheinlichkeit ge= nug hat, um von dem größten Theil der Zu= schauer begriffen zu werden. In solchem Fall nahmen die Alten zu den Göttern ihre Zu= flucht: bey uns wäre das eine leere und lä= cherliche Ausflucht, die nur das Unvermö=

gen des Dichters begreiflich macht, und also
Misvergnügen und Unlust in den getäusch=
ten leeren Raum unsers Herzens und unse=
rer Ideen eindringen läßt. Horaz, dessen
Philosophie schon näher an die unsrige gränz=
te, scheint dieß bereits dunkel gefühlt zu ha=
ben, als er die Dazwischenkunft der Götter
nur auf höchstverwirrte, und auf keine andere
Art zum allgemeinen Besten einzulenken
mögliche, Umstände hinausgespart wissen
wollte: denn so verstehe ich) nisi dignus vin-
dice nodus &c. —— Kurz, der Dichter muß
uns für die verletzte Geschichte was bessers,
was befriedigenders geben; oder wir werfen
ihn unter die Bank wie Addisons Cato, und
nehmen den Plutarch in die Hand. Eine
neue Falte des Herzens, eine neue verborge=
ne Triebfeder gewisser Gesinnungen und
Handlungen aufdecken, sollten gleich einige
dazwischen gestellte kleine Begebenheiten da=

durch eine andere Gestalt bekommen, wenn nur der große Gang der Hauptbegebenheit derselbe bleibt: das sind die Forderungen des erleuchteten Publikums an die historischen Dichter.

Der andere scheint freilich ungebundnere Hände zu haben; bey genauerer Ansicht aber ist er übler dran, mit mehr Schwierigkeiten dicht umlagert als der erstere. Es ist hier der Ort nicht, weitläuftig darzuthun, daß das sibi convenientia finge des Horaz gewiß nicht leichter als sein famam sequere, daß es vielmehr die Verzweiflung aller mittelmäßigen Köpfe seyn müsse. Der Komikus schreibt für die Sitten, für den Geist seiner Zeit, den er durchaus kennten, in seinem ganzen Umfange durchdringen muß. Da kommt es nicht auf zusammengedrehte Plane an, wie Herr Schmidt zu glauben scheint; sondern auf anschauende Erkenntniß der Menschen,

die man darstellt und in ein gewisses Verhältniß zu einander zu bringen weiß, das das
ganze Publikum zu interessiren wichtig genug
ist. In solchem Gesichtspunkt ist mir jeder
Plan gut, der in den gegebenen Bestimmungs-
Gründen der handelnden Personen gehörig
vorbereitet ist, und sich leicht und natürlich aus
denselben begreifen läßt; und das Geheimniß
der Dichter wäre nur, die Personen interes-
sant zu machen. Und da deucht mich immer,
kann der Dichter nicht anders, er muß bey
den Personen anfangen.——Unbegreiflich aber
ist mirs, wie ein Dichter fremde Plane nach
dramaturgischen und adramaturgischen Gesetzen umarbeiten will, ohne im Geringsten
mit den Personen des andern, die doch mit
dem Plan zugleich in seinem Kopf aufge-
wachsen und ihre Existenz bekommen haben,
bekannt zu seyn, oder zu thun, als ob er sie
kennte.

Mag also Herr Schmidt immerweg, in seiner Biographie des seligen von Cronegk, den Misvergnügten ein Uebungsstück, den ersten Aprill einen des Drucks nicht würdig geachteten Entwurf nennen, den Herr Weiße aus einer sonderbaren Neigung fremde Erfindungen zu verbessern, (die er nun freilich aus Frankreich mag geholt haben) auszuführen sich vorbehalten: mir gefallen sie von einer gewissen Seite, als Schöpfungen oder vielmehr als Blüthen seines schöpferischen Geistes, besser wie seine prämiirten, so sorgfältig gesammleten Meisterstücke, Lust- und Trauerspiele.

Man lasse mir doch meine Meynung, sie scheine nun so sonderbar als sie wolle, bis man ihren Grund und Ungrund geprüfet hat. Was geht michs doch an, daß im Codrus so schöne Verse und so schöne Empfindungen sind, wenn sie weder der Denkungsart jener

Zeit, noch dem Bilde, das ich mir vom alten Helden und von seiner edlen rauhen That nur immer in meiner Phantaſey entwerfen kann, im mindeſten entſprechen? wenn die Perſonen ſelbſt die drinnen ſind, weder hiſtoriſche, noch auch poetiſch wahrſcheinliche, ſondern blos theatraliſche Conſiſtenz haben? Das letztere gilt noch mehr vom Miſtrauiſchen, bey dem man mehr als leichtglaubig ſeyn muß, um lachen zu können. Das beſte Stück von ihm würde immer Olint und Sophronia geworden ſeyn, was auch Herr Schmidt dagegen hat. Es iſt ganz im Geiſt der damaligen Zeit, und die Idee mit dem geraubten Bilde grade der Meiſterzug: wenn nur die Ausführung der Anlage entſpräche, Sophronia weniger redſelig, und der Verfaſſer nicht auf den unglücklichen Einfall mit den Chören gefallen wäre, der das ganze Stück zu einer Kirchenmuſik macht. Ueberhaupt bringen die Verſe ein Geſchwätz aufs Theater, das alles

verderbt. Dadurch wird freilich die rührend
seyn sollende Scene zwischen Olint und So-
phronien unerträglich; aber das thut ihm
nicht, daß der Plan (wie sich Herr Schmidt
auszudrücken beliebt) nicht unter allen Cro-
negkischen Planen der beste seyn sollte, wenn
er von jemand behandelt worden wäre, der,
frey von der Seuche der Schöngeisterey, sich
auf seine eigene Kräfte gestützt, seinem eignen
Genius überlassen hätte, ohne falschen Füh-
rern zu folgen. Das war aber von Cronegks
Unglück, das uns die ersten Uebungsstücke seiner Kinderjahre und nachlässig hingeworfe-
nen Entwürfe zu seinen Stücken, desto schätz-
barer machen muß, jemehr man da noch das
eigenthümliche Gepräge und die ungebundene
Schöpfungskraft seines Genies gleichsam
dem aufgehenden Morgen entgegen blühen
sieht. Von der Art sind diese beyden noch un-
gedruckten Stücke, die ich eher das Herz habe
ganz durchzulesen, als seine Meisterstücke.

Im Misvergnügten ſind Charaktere, wie
ſie der Dichter wohl damals ſo eben um ſich
haben mochte; ſo ſehr tragen ſie den Stempel
des Natürlichen, des Begreiflichen, des Wah‐
ren, und konkurriren doch alle ſo gut zu dem
Zweck des Dichters, daß ich ihm — wenn er auf
dieſer Bahne fortgegangen, ſich anſtatt nach
dem Pariſer Theater, lieber nach den Sitten
ſeines Zeitalters und ſeiner Nation umgeſe‐
hen, das frappante und hervorſtechende an
denſelben in einem feinen guten Herzen auf‐
gefaßt, und da er Gelegenheit hatte, mehr
als einen Stand, mehr als ein Verhältniß
anſichtlich kennen zu lernen, den gefühlvollen
Zuſchauer auf dem großen Theater der Welt
gemacht — daß ich ihm nur alsdenn bey ſeinem
Kopf und Herzen einen Platz auf dem Oeſer‐
ſchen Vorhange geweiſſagt haben würde.
So iſt der erſte Aprill, ſo widerſinnig einem
im Anfange die Nachläſſigkeit auffallen mag,
am erſten Aprill Obſtdiebe zu jagen, mit alle‐

dem ein schätzbares Stück, und ich zweifle, daß es mit allen Verbesserungen besser werden kann. Die ganz neue und doch so wahre Idee, daß ein sonst ganz gutherziges Mädgen einen alten steifen Landjunker, der sich in sie verliebt hat, mit sammt seinem Schildträger in Aprill schickt; die denn alle beyde am Ende in ihrer Rüstung ein wahres Buttlerisches Gemählde machen; zeugt von einem eben so tief eindringenden als muntern Geist, dem nichts als Zeit, Geduld und darf ich sagen: Freiheit — zur Reife fehlte. Die Meynungen eines ganzen Zirkels um uns her, die sich Alle Männer von Geschmack nennen, und bey denen dieser Geschmack doch nichts weiter als ein Vergleich ist, der um der Bequemlichkeit willen über gewisse Sachen getroffen worden, über die nun weiter keine Appellation mehr angenommen wird, sind, wenn sie von ander=weitiger Hochachtung gegen diese Männer unterstützt werden, eben soviel seidene Fessel,

die den emporfliegenden Genius durchaus
nicht über den angenommenen Wirkungs-
kreis sich hinausschwingen laſſen. Da ſind aus-
geſeßte Preiſe — oder welches eben ſoviel ſagen will, unter voraus abgeredten Bedingun-
gen verheiſſenes Lob, grade der feile Wu-
cher, mit dem man ſich Sklaven erkauft.

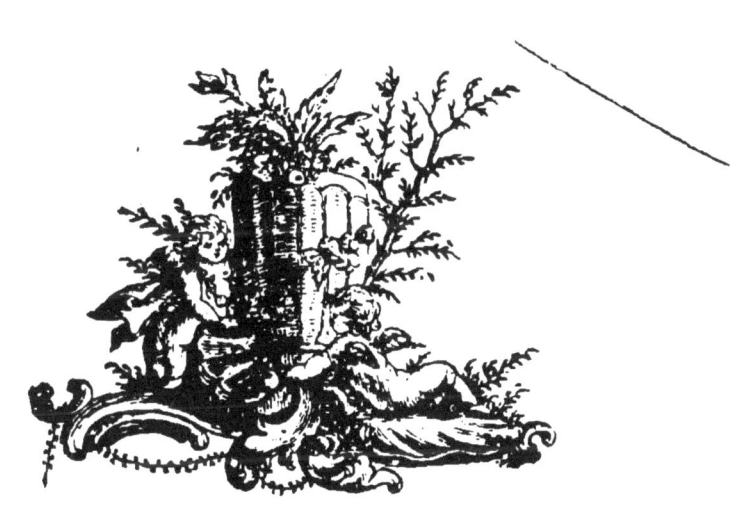

Der
Misvergnügte.

Ein Lustspiel,

in einem Aufzuge.

Perſonen.

Alcipp.

Cleanth, ſein Freund, ein junger Herr.

Zemire, Alcipps Geliebte.

Ariſt, eine junge Magiſtrats = Perſon.

Philine, ein verheyrathetes Frauenzimmer.

Timantes, ein witziger Kopf.

Ein Bedienter.

Der Schauplatz iſt im Garten auf dem La..gute Zemirens.

Erster Auftritt.

Alcipp. Cleanth.

Alcipp.

Laſſen Sie mich, ſage ich Ihnen, laſſen Sie mich einen Augenblick freyen Athem ſchöpfen, und von meiner Aergerniß ausruhen. Gehn Sie wieder zu der Geſellſchaft, ſie iſt Ihrer werth: gehn Sie, laſſen Sie mich allein; nein, das iſt unausſtehlich. — — —

Cleanth.

Um des Himmels willen, was iſt es dann, das Sie ſo ſehr aufbringt? Ich weiß wohl, daß Sie immer ſchwermüthig, immer misvergnügt ſind; aber ſo viel Hitze bin ich ja von Ihnen nicht gewohnt. Iſt es Ihr Ernſt, Alcipp? nein, es kann unmöglich ſeyn. Der Einfall wäre der Erfindung wegen artig.

Alcipp.

Ja, ja doch, es iſt mein Ernſt, es iſt mein völliger Entſchluß: morgendes Tages will ich von hier reiſen, und mit dem erſten Schiffe das ich finden werde, nach Oſtindien gehn; vielleicht finde ich in der neuen Welt

erträglichere Geschöpfe als in der alten; vielleicht finde
ich unter den Wilden weniger Wildheit und mehr ge-
sunde Vernunft als unter den glänzenden Narren, die
Sie und Zemire mit dem Titel von Leuten von guter
Gesellschaft beehren.

Cleanth.

Vielleicht ist es blos Ihre eigene Schuld, daß Sie in
der jetzigen Welt so viele Fehler finden. Mir hat einmal mein Präceptor mit großem Geschrey bewiesen,
daß diß die beste Welt sey, und auf seine Verantwor-
tung glaubte ichs. Nachmals kam ich mit einigen
Schönen in Bekanntschaft, die überwiesen mich noch
deutlicher von dieser Wahrheit. Aber sagen Sie mir,
Alcipp, wie ist es möglich, daß Sie bey einem sonst so
guten, so menschlichen Herzen ein Menschen-Feind seyn
können?

Alcipp.

Nein, sage ich Ihnen, ich bin kein Menschen-Feind.
Eben deswegen weil ich ein wahrer Menschen-Freund
bin, eben deswegen weil ich alle Menschen liebe, wollte
ich sie alle gern vernünftig sehen, und betrübe mich, daß
sie es nicht sind; und eben deswegen ist es mir unerträglich, alle Tage je länger je mehr zu merken, daß
mein Herz zu menschlich, zu gut ist, um jemals unter
dem Schwarm der Narren, mit denen ich umgeben bin,
ruhig seyn zu können. Die gröste Strafe, die der
Himmel einem Menschen zuschicken kann, ist, ihm ein
empfindendes Herz und einen geläuterten Verstand zu
geben; der ganzen Welt wird er lächerlich und verhaßt
seyn, und ihm die ganze Welt unerträglich. Ein den-
kendes Geschöpfe und misvergnügt seyn, sind zwey Sachen die sich heut zu Tage gar nicht von einander tren-
nen lassen — — Sie lachen? O gehn Sie doch wieder
zur Gesellschaft, erzehlen Sie doch der höhnischen Zemire
und der spröden Orphise, wie lächerlich ich bin; belusti-

gen Sie Ihre schöne Versammlung mit der Geschichte meiner Ungeduld und mit alle dem, was ich Ihnen vorgesagt.

Cleanth.

Sie thun mir Unrecht, wenn Sie glauben, daß mir Ihre Art zu denken lächerlich scheint, so seltsam sie auch ist. Aber verzeihen Sie mir, wenn ich über Ihre Hitze lache, mit der sie von den Menschen überhaupt sprechen. Nicht einmal schließen Sie das schöne Geschlecht aus. Wir wollen die Menschen in ihrem Werth lassen, sie sind weder so gut noch so schlimm als man sie macht; und wenn ich die Wahl hätte, entweder ein Narr nach dem jetzigen Laufe der Welt, oder ein misvergnügter Weiser zu seyn, ich glaube ich wählte das erste.

Alcipp.

Sie sind auch glücklich in Ihrer Wahl gewesen, sie ist Ihrer würdig. Verlassen sie mich. Nein, ich würde nicht misvergnügt seyn, wenn ich in der Welt nur noch zwey Herzen wie das meinige hätte antreffen können. Zemire und Cleanth hätten mir die Welt erträglich machen können; aber wenn ich bedenke, wie sehr ich mich in der Wahl eines Freundes und einer Geliebten betrogen, so komme ich außer mir.

Cleanth.

Ich will mich nicht entschuldigen, Sie werden selbst einmal mit kälterem Blute die Ungerechtigkeit Ihrer Vorwürfe einsehen. Doch durch was hat Sie wohl Zemire beleidigen können?

Alcipp.

Sie fragen mich? und Sie wissen doch selbst wie lange ich schon die Undankbare geliebt habe, und wie viel Mühe ich mir gegeben, ihr Herz zu gewinnen? Sie sagte daß sie mich wieder liebte, aber wie wenig

stimmten ihre Thaten mit ihren Worten überein. Sie
ist frey, sie kann mein Glück machen, und verschiebt es
immer, und wenn ich mich darüber beklage so lacht sie.
Unterdessen ist sie alle Tage von einem Haufen prächtig
gekleideter Narren umgeben, mit allen thut sie freundlich, und geht mit jedem unter ihnen vertraulicher um
als mit mir. Sie wird mich in der grösten Verwirrung stehen lassen, blos um sich mit einem gepuderten
Menschen = Gesichte, das sie erst seit vier Tagen kennt,
zu unterhalten; sie bittet mich ohnlängst auf ihr Land-
guth zu reisen, sie verspricht mir, daß ich recht artige
Gesellschaft bey ihr finden soll. Jetzo bin ich hier,
und ich kann es mir nicht anders vorstellen, sie hat mich
blos hieher gebeten, um mich zum Besten zu haben,
und um zu sehen was ich für eine Miene machen werde, wenn ich mich unter so lächerlichen Geschöpfen ein
paar Tage lang aufhalten muß. Den ganzen Tag sitzt
sie unter dem Haufen ihrer Anbeter wie eine Bildsäule,
die von jedem Weyhrauch und Opfer annimmt. Diesem winkt sie mit den Augen, den schlägt sie mit dem
Fächer, diesem sagt sie etwas ins Ohr, und bey eines
andern abgeschmackten Einfällen lacht sie überlaut. Und
Sie mein Herr aus der großen Welt, Sie Cleanth, der
Sie sich mein Freund nennen, Sie verderben sie durch Ihren Beyfall, und durch Ihre Schmeicheleyen immer mehr.
Haben Sie sich etwan gar vorgenommen mich bey ihr
auszustechen?

Cleanth.

Dieser letzte Vorwurf kann wenigstens ohnmöglich
Ihr Ernst seyn. Sie eifersüchtig, Alcipp? Ha, ha,
der Streich wäre nicht mit Geld zu bezahlen, Sie wissen
ja, daß ich Orphisen lange Zeit liebe und — —

Alcipp.

Ja ich weiß es und muß, so mißvergnügt so verdrießlich ich auch bin, über uns beyde und unsere Wahl

lachen. Ich, ein mürrischer schwermüthiger Mensch (wie Sie mir die Ehre thun mich zu heissen) wähle mir eine Schöne nach der Mode, eine Schöne aus der grossen Welt zur Geliebten, und einen Stutzer wie Sie sind zum Freund. Und Sie, ein galanter junger Herr, ein Mensch nach dem Geschmacke der jetzigen Zeit, wählen Sich einen traurigen Menschen wie ich bin zum Freunde, und eine Spröde wie Orphise zur Geliebten, die ungeachtet sie noch jung ist alt klug thun will, bey jedem Worte den Mund verzieht, und mich erst heute noch auf die Finger schlug, weil ich von ungefähr das Wort: ein Kuß, gesagt. Aber wissen Sie wohl Cleanth, ich glaube daß Ihnen der närrische Timantes bey Ihrer Spröden den Rang ablaufen wird. Sie sitzen den ganzen Tag beysammen, er liest ihr seine Verse vor, und sie ist vielleicht die einzige, die ohne für Aergerniß krank zu werden, seine Reimen anhören kann.

Cleanth.

Was wollen Sie? wir haben alle unsere Fehler, ich vertheidige meine eigene gar nicht, und will Ihnen gar gestehen, daß mir Orphisens erzwungene Sprödigkeit sehr misfällt; aber bey alle dem hat sie sonst viele gute Eigenschaften, und sowohl als Ihre Zemire im Grunde ein vortrefliches Herz: daß sie dem Timant schmeicheln muß, dazu hat sie wichtige Ursachen. Ihr verstorbener Vater hatte ihr in seinem Testamente zum Bräutigam den Timant bestimmt. Sie liebt mich und haßt ihn, deswegen sucht sie ihn bey guter Laune zu erhalten, damit er sich nicht einfallen läßt mit Gewalt auf die Erfüllung des Testaments zu dringen, bis man Gelegenheit bekömmt auf eine andere Art ihn zu befriedigen. Aber ich weiß wirklich nicht, was Sie von uns allen verlangen? wollen Sie haben, daß man jedermann seine Thorheiten in das Gesicht sagen soll, und wollen Sie dem Menschen-Feinde des Moliere nachahmen?

Alcipp.

Nein, so sehr als dismal unser Gespräch dem ersten Auftritt des Moliere gleich sieht, so wenig hat der Character seines Menschen-Feindes eine Gleichheit mit dem meinigen. Ich habe Ihnen schon gesagt, daß ich weniger misvergnügt seyn würde, wenn ich weniger Menschen-Freundschaft hätte, und eben das macht mich betrübt und misvergnügt. Verzeihen Sie mir, Cleanth, wenn ich Sie bisweilen beleidige. Alle meine Fehler kommen daher, daß ich die Fehler an Personen die ich liebe noch weniger leiden kann, als an allen andern. Ich werde niemanden bittere Wahrheiten sagen, ich werde mit Ihrem Arist Karte spielen, und wenn es seyn muß, den Timantes wegen seiner Verse loben: nur heimlich werde ich mich über beyde betrüben. Ihnen allein und Zemiren lasse ich den Grund meines Herzens sehen. Sonst bin ich bisweilen munter, und man hält mich nicht eben für schwermüthig, so sehr ich es auch in der That bin. Alle Leute mit denen ich umgehe betrüben mich, alles misfällt mir; kurz, ich bin nicht für diese Welt, und sie ist nicht für mich gemacht. Ich sehe keine Hoffnung vor mir, bey ihrem jetzigen Zustande vergnügt zu werden, und die Hoffnung Zemiren zu besitzen habe ich auch schon verloren. Wenn ich ein geborner Engelländer wäre, so würde ich mich, meiner Art zu denken nach, in die Themse stürzen; da ich es aber nicht bin, so ist kein anderer Rath, kein anderes Mittel für mich übrig, als meinen Entschluß, den ich Ihnen schon gesagt habe, auszuführen und nach Ostindien zu reisen. Vielleicht werde ich dort die Welt auf einer bessern Seite ansehen, und ruhiger werden.

Cleanth.

Wahrhaftig ein schöner Rath, ein schönes Mittel für die Schwermuth, nach Ostindien zu reisen. Wirklich wenn ich Sie nicht kennte, ich glaubte die Robinsone hätten die Wirkung bey Ihnen gethan, die die Ritter-Bücher bey dem Don Quichotte hatten. — — Doch hier kommt Zemire. Warten Sie, die soll mir helfen Ihnen den Kopf zu rechte setzen.

Zweyter Auftritt.

Zemire. Alcipp. Cleanth.

Zemire.

Wo stecken Sie denn alle beyde, und warum laufen Sie alle beyde von der Gesellschaft? Laufen Sie geschwind Cleanth, wenn Sie nicht haben wollen daß Orphise böse über Sie werden soll; sie hat schon lange nach Ihnen gefragt. Und Sie Alcipp, was fehlt Ihnen? Sie sehen verdrießlich aus.

Cleanth.

O es ist nichts, nur eine Kleinigkeit. Er ist der Welt überdrüßig, und hat sich entschlossen nach Ostindien zu reisen, um dort Abentheuer zu suchen. Bleiben Sie bey ihm und muntern ihn auf; wenn Sie nicht haben wollen, daß er den nächsten besten Teich für die Themse ansehen soll. Halten Sie ihn ja von seinem Ostindischen Entschlusse ab, ich fürchte er möchte, wenn er über die linie käme, noch etwas mehr als mürrisch werden. Ich lasse Sie alleine. (er geht hüpfend ab.)

Dritter Auftritt.
Zemire. Alcipp.
Zemire.

Sie sehen so zerstreut aus, als wenn mir Cleanth wirklich die Wahrheit gesagt hätte.

A 5

Alcipp.

Ich wüßte nicht, warum er sie Ihnen nicht hätte sagen sollen. Es ist gewiß, der Entschluß nach Ostindien zu reisen ist gefaßt, so sehr er auch seinen Witz in Spöttereyen darüber ausläßt.

Zemire.

Und das können Sie mir so ernsthaft sagen?

Alcipp.

Es ist wahr, daß ich eine Zeitung, die Ihnen und allen meinen Bekannten so angenehm seyn muß, mit einer frölichen Miene sagen sollte; aber verlassen Sie sich darauf, ich reise nach Ostindien und Sie werden bald einen Menschen los werden, der allen Leuten und sich selbst beschwerlich ist.

Zemire.

Ist es möglich, daß Ihnen Ihre Schwermuth wirklich so einen ausschweifenden Gedanken eingiebt? also ist es Ihr Ernst?

Alcipp.

Ja freylich ist er es. Nichts ist hier fähig meine Schwermuth zu zerstreuen, hier werde ich allezeit misvergnügt seyn. Sollte ich etwan nach Hofe gehen, um durch die prächtige lange Weile, die dort herrscht, mein Misvergnügen zu lindern? Soll ich mich dort von dem lächerlich ausgesuchten Wort-Gepränge der Hofleute betäuben lassen, die hernach, wenn ich weg bin, mich lächerlich machen werden, weil der Wind mir die eine Locke in Unordnung gebracht; und die ein Sprichwort aus mir machen werden, weil die Spitzen auf meiner Weste nicht nach dem allerneuesten Geschmacke in Falten gelegt sind? Oder soll ich lieber in der Stadt meine Gesellschaft suchen, und dort die steife und gezwungene Lebensart annehmen und mein halbes Leben am Caffe = oder am Lomber = Tische zubringen? Nein, es ist kein Rath für mich übrig, als Oftindien.

Zemire.

Nein ich will Ihnen einen beffern geben. Laffen Sie die Welt gehen wie fie geht. Ist nicht alles gut darinnen, so ist doch alles wenigstens mittelmäßig. Alle Sachen in der Welt haben ihre gute und böse Seite, und es ist Ihre eigene Schuld, daß Sie fich angewöhnt haben, alles auf der schlimmen Seite anzusehen. Betrachten Sie fie einmal auf der andern, so werden Sie nicht mehr misvergnügt seyn und nicht mehr [an Oftindien denken.

Alcipp.

Sie allein, so flatterhaft Sie auch sind, Sie allein, Zemire, hätten mir die Welt angenehm machen können. Wenn Ihr Herz einer wahren Liebe fähig wäre, so hätte Sie meine Zärtlichkeit rühren müffen, aber — — es ist umfonft. O wenn Sie so empfindend als reizend wären, wie glücklich wäre ich nicht! — — Mein Entschluß ist fest, ich will meine Ruhe in der neuen Welt fuchen. Sie find das einzige, was mir zu verlaffen schmerzhaft fällt, Zemire! (er küft ihr die Hand.)

Zemire.

O jetzund ist es nicht Zeit von Ihrer Zärtlichkeit zu reden, geben Sie mir die Hand und kommen Sie lieber wieder zur Gesellschaft mit mir, ein andermal will ich Ihnen antworten. Ich bin noch zu jung, um mich so bald zu einer Heyrath zu entschließen. Ich will mich noch eine Zeit bedenken, und unterdeffen meine Freyheit mitnehmen.

Alcipp.

Ja, Sie haben recht, Sie müffen Ihre Freyheit mitneh= men, und das in so guter Gesellschaft wie die heutige. . . .

Zemire.

Ich weiß nicht was Sie wider die heutige Gesellschaft aufbringt. Es ist wahr, es sind Leute die alle ihre Fehler haben, doch zum Ersatz dieser Fehler haben sie alle in ihrer Art etwas Gutes an sich. Wenn Sie sie besser kennten, so würden Sie nicht so spöttisch von ihnen reden, und sowohl als ich viel schätzbares an ihnen finden.

Alcipp.

Und wer sind denn diese schätzbaren Leute? ist es etwa der kleine artige Herr mit den rothen Absätzen, Dorant, der immer lacht, wenig redet und gar nicht denkt? Ist es denn der artige Herr von Puder-Mantel, dessen Kopf von außen so ordentlich als von innen unordentlich ist; der sich für einen großen Geist hält, weil sein Schneider der berühmteste in der ganzen Stadt ist; und der sich so sorgfältig in acht nimmt seine weiß gepuderten Locken nicht zu verderben, als wenn er die Wahrheit wüßte, daß alle seine Verdienste in seinen Locken bestehen? Doch nein, ich irre mich, der ohnbärtige Herr Präsident Arist wird der schätzbare Mann seyn sollen: er würde es auch wirklich seyn, wenn sich Verdienste wie Titel erkaufen ließen. Ist es der artige Mann, dessen ganzer Character ist daß er gar keinen hat; der beym Abendessen von nichts als vom Spiel zu reden weiß, und der beym Spieltische von nichts als vom Abendessen zu reden im Stande ist? Ist es etwan die stolze Selinde, die alle andere Sterbliche nur von der Seite ansieht? oder ist es ihr unterthäniger Anbether Mandor, der sogar der Bedienten gehorsamster Diener ist und mit Höflichkeiten im Stande ist, die Leute rasend zu machen? Doch nein, vermuthlich ist Timant die schätzbare Person, er der unerträglichste unter allen; oder hat Philine so viele Vorzüge — — doch stille, hier ist sie — — wir wollen sehen, was diese fürtrefliche schätzbare Person bey uns suchen wird.

Vierter Auftritt.

Philine. Zemire. Alcipp.

Philine.

Sagen Sie mir doch, haben Sie Doranten nicht hier geſehen? er verſprach mir ſich hier finden zu laſſen, und ich bin ſchon den ganzen Garten durchgelaufen, um ihn erblicken zu können. So artig auch unſere junge Herren ſind, ſo iſt doch die Nachläßigkeit in der Galanterie die jetzt Mode geworden, und ihr kleiner übel angebrachter Stolz ihnen gar nicht zu verzeihen; es iſt ganz etwas unerhörtes, ſo lange auf einen jungen Herrn den man wohin beſtellt, warten zu müſſen.

Alcipp.

Es wäre freylich ſeine Schuldigkeit geweſen, am erſten da zu ſeyn.

Philine.

Aber ſagen Sie mir, Zemire, iſt es nicht wahr, daß er ſonſt ein ganz allerliebſter artiger Mann iſt? alles redet, alles hüpft, alles lebt an ihm; er hat mir heute ſchon die artigſten Tändeleyen von der Welt vorgeſagt, er hat mir einen Fächer zerbrochen und meinen ganzen Pudel-Kopf in Unordnung gebracht.

Zemire.

Ja ja man iſt dergleichen Artigkeiten von ihm ſchon gewohnt.

Philine.

Er tanzt gar vortreflich, das letzte mal wie er mich in der Stadt beſuchte, warf er mir einen Thee-Tiſch mit Meißner-Porcellain mit einem unendlich artigen Sprunge um, ich glaube er hieß ihn Entrechat en tournant. Mein Mann, der sehr viel auf das Porcellain hielt, machte eine scheele Miene, und zog sein langes plattes verdrießliches Gesicht in mehr als tausend Falten zusammen.

Zemire.

Sie machen uns eine hübsche Beschreibung von Ihrem Herrn Gemahl.

Philine.

O ich kann sie nicht arg genug machen. Nun möcht ich wissen, was er jetzo, da wir eben von ihm reden, zu Hause macht. Er wollte zwar Anfangs mit mir hieher, aber ich wußte es ihm schon auszureden. Sein abentheuerliches Gesicht hätte uns alle Freude verdorben. Wenn man sich lustig machen will, so ist die Gegenwart eines Ehemannes die verdrüßlichste, die unaussprechlichste Sache von der Welt.

Zemire.

Ihr Herr Gemahl ist ja sonst noch immer munter genug, hätten Sie ihn immer mitgebracht.

Philine.

Nein, nein, er ist besser wo er jetzo ist. Vermuthlich wird er jetzt unter seinen alten verwünschten Büchern sitzen, und ein so listiges Gesichte dabey machen, als wollte er ein Staats-Minister werden; oder er hat sich eine Lust gemacht, und hat ein Paar von seiner alten ewigen Bekanntschaft gesucht. Dort werden noch so ein halb Dutzend Dummköpfe, wie er ist, beysammen sitzen, und über die Fehler des weiblichen Geschlechts bey einem Glase Wein losziehen. Da wird gewiß auch meiner in allen Ehren gedacht werden; ich kann mir meinen Herrn Gemahl vorstellen, wie er sein häßliches breites Maul verzieht, um eine Flasche Burgunder recht freundlich anzulächeln. Doch indem ich hier schwatze, möchte Do-

tant sonst wo auf mich warten und ungedulbig werden. Ich muß laufen und ihn auffuchen. leben Sie wohl.
(geht ab.)

Alcipp.

Sie hatten Recht, eine vortrefliche schätzbare Person. Wenn noch viel solche hier wären, so hätte ich Unrecht nach Oftindien — —

Zemire.

Es ist wahr, Sie haben die Philine von ihrer schlimmen Seite gesehen. Es ist wahr, dieser Auftritt war nicht vortheilhaft für sie, aber — —

Alcipp.

Hier kommt noch jemand. O es ist der Präsident mit Karten in der Hand.

Fünfter Auftritt.

Arist (mit vier Kartenblättern in der Hand.) Zemire. Alcipp.

Arist.

Nun wo bleiben Sie denn alle miteinander? wer wird so müßig gehen? ich will nicht hoffen, daß Sie mir etwa spaßieren gehen wollen, da es Zeit ist sich zu dem Spieltisch zu setzen; darf ich Ihnen eine Partie Triset anbieten? Selinde, Mandor, Pudermantel und Dorant haben sich schon am Quadrille = Tisch gesetzt, sie spielen schon, und wir laufen noch immer so traurig herum. Timant ist unser vierter Mann.

Zemire.

Ich bin dabey, wenn es seyn muß; (Zemire und Alcipp nimmt ein jedes seine Karte.) wir sind beysammen Alcipp. (Ein Bedienter bringt ein groß Papier, das Arist ansieht und ihm zurück giebt.)

Arist zum Bedienten.

Sey er doch so gut und sage er meinem Bedienten, er soll sich den Augenblick zu Pferde setzen, und meinem Secretär diese Papiere bringen; er soll sie durchlesen um mir hernach ungefähr um zehn Uhr den Innhalt davon erzehlen zu können.

Zemire.

Ich hoffe nicht, daß Sie sich etwa von uns in Amtsgeschäften werden stören lassen; es werden vermuthlich wichtige Sachen seyn.

Arist.

O nein, es hat gar nichts zu sagen! es sind nur die Akten von drey Prozessen, die ich morgen entscheiden soll, wenn wir in die Stadt kommen. Meine Herren Collegen sind auch nicht klug, daß sie mich immer so mit Arbeit überhäufen; nein, ich habe mein Amt nicht so theuer bezahlt, um es mir sauer werden zu lassen, und um in den ewigen Papieren herum zu wühlen.

Alcipp.

Morgen sollen Sie die drey Prozesse entscheiden? und Sie haben die Akten noch nicht gelesen?

Arist.

Nein das habe ich nicht nöthig: mein Sekretär, der nunmehro schon dreyßig Jahre lang prakticirt, liest sie für mich durch, und ehe ich in die Gerichtsstube gehe, so sagt er mir so ungefähr den Innhalt davon. Es ist gar ein hübscher fleißiger Mann, er hat mein ganzes Hauswesen unter sich.

Alcipp.

Wie können Sie aber ein Urtheil von einer Sache sprechen, ehe Sie die Gesetze, die davon handeln durchgelesen, und alles selbst ernstlich überlegt haben?

Arist.

Arist.

Da hätte ich viel zu thun, wenn ich die alten verwünschten Bücher wo von den Gesetzen geschrieben steht,
hätte durchlesen sollen.   So lange als ich im Rathe bin,
habe ich noch nichts gedrucktes als etwa die Zeitungen,
und ein paar Wochenblätter gelesen.   Das muß mein
Sekretär thun, ich habe kein Amt gekauft um mich zu
tode zu arbeiten.   Als ich von Reisen nach Hause kam
wurde ich Doktor, weil ich gerne einen Titel haben wollte
und weil es mich verdroß daß man mich immer schlecht-
weg Herr Arist nannte; und vor dem Jahre kaufte ich
mir ein Amt, weil mein Sekretär mir es rieth, und
weil man doch als eine Magistrats-Person zu mehr Hoch-
zeiten gebethen wird und mehr Ansehen hat.

Zemire.

Also ist es Ihr Sekretär der das Amt eigentlich
führt? Aber sagen Sie mir doch, wie Sie es anfangen
daß Ihnen bey ihrer Art zu leben die Zeit oft nicht lang
wird.

Arist.

O ja, sie wird mir fast allezeit lang, und doch ber-
treibe ich mir die Zeit recht gut.   Ich will Ihnen einmal den Entwurf meines Lebens-Laufes hersagen: um 9
Uhr des Morgens stehe ich auf; denn habe ich bis 11
Uhr mit Ankleiden und mit dem Perücken-Macher zu thun,
der sehr langsam ist und ohne mich zu rühmen der beste
in der ganzen Stadt seyn muß, um 11 Uhr gehe ich bisweilen in die Raths-Stube; wenn ich aber nicht Lust
dazu habe so gehe ich etwa zu einem guten Freunde zu
Tische.   Nach Tische leg ich mich entweder schlafen, oder
ich nehme den Besuch meiner Clienten an.   Um 5 Uhr
hernach kommt etwa ein guter Freund, den ich zu mir
bitten lassen, oder ich gehe zu ihnen; und denn trinken wir
Caffee und spielen in der Karte bis zum Abendessen,

B

da bleiben wir beysammen und nach dem Abendessen spielen wir wieder bis etwa um Mitternacht. Und so sind
alle Tage einer wie der andere, ausser wenn es bisweilen recht schön Wetter ist, denn gehen wir spazieren oder
in die Comödie, um uns etwa in der ersten Loge zu
brüsten, oder im Parterre Chokolade zu trinken, und um
die Ackteurs mit Plaudern irre zu machen.

Alcipp.

(Ein hübscher Lebens-Lauf für eine Magistrats-Person!) Aber wie ist es möglich daß Sie ein Urtheil geben
können?

Arist.

O hören Sie auf von Urtheil zu reden, der Kopf
thut mir schon ganz wehe davon. Wenn die Herren,
die das Examen rigorosum mit mir vorhatten, so scharf
nach meiner Gelehrsamkeit gefragt hätten, nimmermehr
wär ich Docktor worden. Helfen Sie mir lieber Timan-
ten rufen, ich muß gehn und ihn aufsuchen damit wir
uns an den Spiel-Tisch setzen können.   (geht ab.)

Alcipp.

Wie glücklich ist ein Land nicht, das von solchen
Magistrats-Personen regiert wird! was für ein schäzba-
rer Mann! werden Sie mir noch Unrecht geben, wenn
ich Ostindien der hiesigen Gegend vorziehe?

Zemire.

Sie haben Recht: Arist hat sich Ihnen nur auf der
schlimmen Seite gezeigt. Arist hat sehr viel lächerliches
in seinem Charackter; aber er — — doch hier kommt
Timant schon, was wird der wollen?

Alcipp.

Ich kann nicht länger bleiben. Timants Narrheit
ist die ärgste, denn er will noch dazu ein witziger Kopf
seyn.

Zemire.

Bleiben Sie doch, und hören Sie nur, was er mit seinem abentheuerlichen Gelächter haben will.

Sechster Auftritt.
Timant. Zemire. Alcipp.

Timant, lacht laut.

Ha, ha, ha, verzeihen Sie mir doch, wenn ich Sie in einem so artigen Kopf am Kopfe verstöre, ha, ha, ha.

Zemire.

Kopf am Kopf?

Timant.

Ja, ja, französisch tête à tête. Den ganzen Garten bin ich schon durchgelaufen; Alcipp, ich weiß daß Sie ein schöner Geist und ein Kenner der schönen Wissenschaften sind. Ich muß Ihnen doch eine Ode vorlesen, die ich an Orphisen gemacht, es ist nichts als ein ungefähres Gedicht, oder wie es die Franzosen nennen, ein In-promptu.

Alcipp.

O verzeihen Sie mir, ich bin kein Kenner.

Timant.

Sie sind allzubescheiden. O ja Sie sind ein Kenner, das muß ich wissen. Es ist zwar nur eine Kleinigkeit, aber nun werden Sie bald mein episches Gedicht von Methusalem in 25 Gesängen in dactylischen Versen gedruckt sehen. Es ist so wohl als ein Bändchen Schäfer-Gedichte, und Anakreontischer Oden von mir schon unter der Presse. Sie haben doch das lezte neue Trauerspiel vorstellen sehen?

Alcipp.

Nein, ich habe aber gehört, daß man es ziemlich ausgepfiffen hat.

Timant.

Ja, ja es waren einige lustige Köpfe im Parterre, die zum Zeitvertreib ein wenig scherzten. Es ist sonst ein Stück das sehr viel Beyfall gefunden. Es war nicht mehr Plaß genug im Schauspiel-Hause für alle Zuschauer. Wenn Sie es niemand sagen wollen, so will ich es Ihnen gestehen, daß ich der Verfasser davon bin. Es wird auch vermuthlich seltdem ich auf dem Lande bin ein paar mal vorgestellt worden seyn. Wenn nur niemand dabey erdruckt worden ist! ich müste mir doch wohl ein Gewissen darüber machen. Es ist ohne mich zu rühmen eines von unsern ersten teutschen Urstücken.

Zemire.

O darf ich mir nicht einmal ausbitten, daß sie mir es vorlesen?

Timant.

Ihr unterthäniger Knecht, von Herzen gern, gleich jeßo wenn Sie es befehlen.

Zemire.

Nein, jeßo geben Sie sich nicht soviel Mühe, wir möchten nicht Zeit dazu haben.

Timant.

Aber sollte so eine wißige Schöne wie Sie sind, nicht auch eine Dichterinn seyn? ich bitte Sie recht sehr, geben Sie mir etwas von Ihrer Arbeit; ich will eine Vorrede darzu machen und Sie, Alcipp, ich weiß ganz gewiß daß Sie ein Dichter sind. (Alcipp zieht um das Lachen zu verbeißen sein Schnupftuch aus der Tasche, und läßt dabey ein Papier fallen, das er aber geschwinde wieder aufhebt.) O was haben Sie da? ganz gewiß ein Gedicht von ihrer eigenen Arbelt, geben Sie doch her, wir wollen es drucken laſſen; es iſt allemal des Druckes werth, ſollte es auch nur eine Kleinigkeit ſeyn wie zum Beyſpiele meine Ode an Orphiſen — — faſt hätte ich vergeſſen, daß ich Ihnen habe verſprechen müſſen ſie Ihnen vorzuleſen, ich werde ſie gleich haben. (Er ſucht in ſeinen Taſchen, und bringt einen Haufen Papiere heraus.) Phillis! deiner Augen Strahl, hat ſchon öfters als einmal in mein treues Herz geſchlagen — — ſo fängt ſie ſich an, das wird ſie ſeyn — — Nein es iſt eine Elegie, oder dieſes — — nein das iſt eine Critik über Gellerts Fabeln, in der ich bewieſen habe daß ſie zu ſchwülſtig und zu unnatürlich ſind; Sie lachen alle beyde? Sie lachen ganz gewiß darüber, daß ich meine Ode nicht finden kann? ich muß ſie etwa auf dem Tiſche haben liegen laſſen. Ich muß ſie holen, ich werde gleich wieder bey Ihnen ſeyn.

Siebenter Auftritt.

Alcipp. Zemire.

Alcipp.

Nun, Zemire, werden Sie mir bald Recht geben?

Zemire.

Ich weiß nicht was ich Ihnen ſagen ſoll? Philinens gröſter Fehler iſt, alles was ihr einfällt in den Tag hinein zu reden; im Grunde iſt ſie nichts weniger als eine Buhlerinn. Ariſt hat nicht gar zu viel Verſtand; aber er hat doch im Grunde mehr Einſicht als man ihm zutrauen ſollte, und gewiß ein redliches Herz. Timant iſt lächerlich; aber die Schuld iſt nicht ſowohl ſeine, als etlicher Leute die ihm auf eine übertriebene Art geſchmeichelt.

Alcipp.

Sie vertheidigen alle dieſe Leute, Sie halten ihnen Lobreden, ich will Ihnen nicht widerſprechen, Zemire; aber wenn ich in Batavia bin, so will ich Ihnen meine Gedanken darüber schriftlich entdecken.

Zemire.

O mit ihrem Batavia! nehmen Sie mir es nicht übel, Alcipp, Sie sind in Ihrer Art so lächerlich als Philine, Arist und Timant in der ihrigen: glauben Sie denn, daß Sie es alleine in der Welt sind, der nicht auch seine schlimme Seite hat?

Alcipp.

Sie haben Recht mich zu verspotten. Ich bin lächerlicher gewesen als alle die, so Sie genennt haben. Ich habe Ihren Worten geglaubt, ich habe Sie mehr als mein Leben geliebt, ich hoffete meine Liebe würde Sie rühren können, und ich traute Ihnen ein besseres Herze zu.

Zemire.

(Sie schlägt ihn mit dem Fächer.) Sie werden böse? Alcipp, was das für eine Unart ist! ich habe meine schlimme Seite so gut als die von denen wir reden. Halten Sie sich über mich auf wie es Ihnen beliebt, nur wider mein Herz sagen Sie nichts, alles andere gebe ich Ihnen Preis; wenn Sie nur mein Herz kennten, Sie würden meine Aufführung auch vielleicht von einer andern Seite ansehen.

Alcipp.

Zemire — —

Zemire.

Stille jetzo, Philine kömmt schon wieder. Sie sieht ganz erschrocken aus, was muß ihr fehlen?

Achter Auftritt.
Philine. Alcipp. Zemire.
Philine.

Endlich treff' ich Sie an, Zemire, ich bitte Sie, ich beschwöre Sie, haben Sie Mitleiden mit mir. Ihre Kut-

ſche iſt doch hier? ſonſt iſt keine da! erlauben Sie, daß
ich eiligſt in die Stadt fahre, ich habe eine Nachricht
bekommen, die mich auſſer mich ſelbſt ſetzt.

Zemire.

Ich bedaure daß meine Kutſche eben unterwegens iſt
jemand aus der Stadt hieher zu bringen, aber welcher
Zufall? — —

Philine.

Iſt Sie auch nicht da? doch es hat nichts zu ſagen, es
ſind nur zwey kleine Stunden in das nächſte Dorf, dorten
werde ich Pferde haben können; befehlen Sie nur einem
Ihrer Bedienten daß er mir die Wege weiſt, ich will
ſchon ſo weit zu Fuße fortkommen; aber ich bitte Sie
halten Sie mich nicht auf.

Zemire.

Wie? um des Himmels willen! ſo weit wollen Sie
zu Fuße gehen? kann ich denn die Urſache Ihrer entſetz-
lichen Beſtürzung nicht erfahren? kann ich Ihnen nicht
Hülfe leiſten?

Philine.

O ja, erzeigen Sie mir wenn es möglich iſt die
Gefälligkeit, und ſchaffen Sie mir einen Kaufmann zu
meinem Schmuck. Er iſt über 1000 Thaler werth, wenn
ich aber bald einen Kaufmann finde, ſo will ich ihn geben
wie man nur will; auch meine reichen Kleider helfen Sie
mir verkaufen.

Alcipp.

Wenn Sie Geld nöthig haben, ſo kann man Ihnen
vielleicht dienen ohne daß Sie nöthig haben zu einem ſo
harten Entſchluſſe zu greifen; aber kann ich nicht erfahren —

Philine.

Ich habe die Nachricht, mein Mann iſt in Verhaft

genommen worden wegen einer Schuld die er schon bezahlt. Aber er kann nicht beweisen daß er sie bezahlt hat, und nach dem Lauf der Processen wird er vielleicht so bald nicht wieder los kommen. Doch ich halte mich hier auf; lassen Sie mich eilen, ich muß zu ihm, ich will bey ihm im Gefängnisse bleiben und ihn wenigsteus trösten, wenn ich ihm nicht helfen kann.

Alcipp.

Ich erstaune — Sie Madam, Sie wollen zwey Stunden weit zu Fuße gehen, Ihren Schmuck, Ihre Kleider verkaufen, im Gefängnisse bleiben, und das alles wegen eines Mannes den Sie nicht lieben?

Philine.

Den ich nicht liebe? Sie haben auch die Grausamsamkeit mir so etwas vorzuwerfen? mein Mann ist der beste Freund, den ich in der Welt habe. Es ist wahr, wir sind von verschiedenen Neigungen, er sucht seine Gesellschaften und ich die meinigen; wir lieben uns doch aber über alles, ich liebe ihn mehr, wie ich einen Vater oder Bruder ehren würde, als wie ich einen Ehemann lieben sollte: alles in der Welt will ich gerne für ihn thun. Wer wird denn wohl sein Richter seyn? ich will laufen und mich ihm zu Füßen werfen; wenn er nur wenigstens aus dem Gefängnisse los wäre! Ich bin schuldig gegen ihn, ja recht sehr schuldig. O Himmel! da ich vor einigen Minuten erst so leichtsinnig über ihn scherzte, wird er nach mir zärtlich geseufzt haben. Wie viel Vorwürfe habe ich mir nicht zu machen! Sie haben Recht mich zu beschuldigen, Alcipp, ich bin strafbar; aber der Himmel weiß — mein Herz ist es nicht.

Zemire.

Philine sagt die Wahrheit, Alcipp: wenn das Herz eines Frauenzimmers allzeit so los wäre als ihr Mund ist, nichts wäre in der Welt gefährlicher als unser Geschlecht.

Beruhigen Sie ſich, meine liebe Philine, tröſten Sie ſich; ich und alle meine Freunde ſollen Ihnen beyſtehen, und Ihr Gemahl ſoll in wenigen Tagen ſeine Freyheit wieder erhalten.

Alcipp.

Erlauben Sie mir, Madame, daß ich Ihnen ebenfalls zeige, wie ſehr ich Ihre Zärtlichkeit verehre. Ich biete Ihnen eben das an, was Ihnen die vortrefliche Zemire ſchon angeboten, und wenn es möglich iſt — — — doch da kommt Ariſt; wenn ich mich nicht betrüge ſo kommt die Entſcheidung Ihrer Sache auf ihn an, ja er kann den Ausſpruch alleine geben.

Philine.

Welch Glück! o helfen Sie mein Bitten unterſtützen, meine Thränen ſollen für mich reden.

Zemire.

Nun Alcipp, was denken Sie von Philinen?

Alcipp.

Ich bin erſtaunt, Sie hatten nicht Unrecht, Philine hat viel ſchönes an ſich; ſie hat ihre gute Seite ſo wohl als ihre ſchlimme. (bey Seite.) So viel Zärtlichkeit bey einer Buhlerinn!

Neunter Auftritt.
Ariſt. Philine. Zemire. Alcipp.
Philine.

Erlauben Sie, Ariſt, daß ich mich zu Ihren Füſſen werfe.

Ariſt. (ſo ſie aufhebt.)

Um des Himmels willen was machen Sie da?

B 5

Philine.

Mein Leben, mein ganzes Glück kommt auf Sie an, ich muß meine Zuflucht zu Ihnen nehmen.

Arist.

Sie haben mich recht sehr erschreckt — — Sie weinen ja gar! sagen Sie mir nur geschwinde die Ursache Ihrer Bestürzung.

Philine.

Mein Mann ist im Gefängniß, und das ohne es verdient zu haben. Sie können ihn befreyen, hören Sie den Lauf der ganzen Sache: er war dem alten erst kürzlich verstorbenen Geront 20000 Thaler schuldig, er zahlte sie ihm kurz vor seinem Tode. Da er mit Geronten gut bekannt war, vergaß er, sich eine Quittung geben zu lassen, und Geront unterließ, vermuthlich aus Vergessenheit des Alters, ihm eine zu geben. Gleich darauf wird Geront krank, er stirbt plötzlich, seine Erben finden die Schuld in seinen hinterlassenen Büchern, wo er vergessen hatte sie auszustreichen. Mein Mann kann weder die Schuld bezahlen, noch eine Quittung aufweisen. Gerontens Erben setzen den Proceß durch. Kein Zeuge war bey der Bezahlung, und durch ungerechte Schikanen wird mein Mann troz aller seiner Unschuld, wie man mir geschrieben, dem Wechsel-Rechte nach in Verhaft gebracht. Erst den Augenblick erhalte ich Nachricht davon: ich bitte Sie nun, Arist, um nichts als Gerechtigkeit, ich weiß daß der Proceß der Billigkeit nach gar nicht verlohren werden kann; aber sollte mein Mann so lange in Verhaft seyn?

Arist.

Mein Sekretär hat mir von der Sache geschrieben, ja, ja, es ist die nämliche. Kennen Sie des alten Gerontens Erben?

Philine.

Nein, ich kenne sie nicht, die Sache ist mir nur in ein paar Worten berichtet worden, und Geront starb ohne nahe Anverwandten. —

Arist.

Sagen Sie mir doch, Alcipp, wie ist denn der Sache geschwind abzuhelfen? wer hat von beyden wohl Recht? ich bin so verwirrt — — mein Sekretär schreibt mir einen ganzen Bogen voll Rechts-Sachen, die mich ganz verdrießlich gemacht.

Alcipp.

Ich bedaure Philinen, ihre Sache ist gerecht, aber nach den heutigen Rechten möchte sie sich eine Weile verziehen; der Beweis wird schwer fallen.

Arist.

Und da soll ich nun ein Urtheil sprechen? ich dachte diese Tage so ruhig zuzubringen, und sie sind nun so traurig — — wie Schade ist es nicht, daß die verwünschten Processe uns stören müssen! doch wenn ichs bedenke, so haben Sie Recht, Alcipp, Philinens Sache ist gerecht, ja, — (zu Philinen) Ihr Herr Gemahl soll morgen früh nicht mehr im Gefängniß seyn. Ich glaube man könnte nach den Rechten das Ding zweifelhaft machen, aber nach der Billigkeit glaube ich Ihnen. Ja Madam, Ihr Herr Gemahl ist als ein ehrlicher Mann bekannt, ich glaube ihm auf sein Wort, er hat bezahlt; eine Unvorsichtigkeit hat er freylich begangen, er ist gestraft genug dafür, der arme Mann; genug ich gebe Ihnen mein Wort, morgen ist Ihr Proceß aus.

Philine.

Wie kann ich Ihnen meine Dankbarkeit, meine Freude bezeigen?

Arist.

Dadurch daß Sie mir die Mühe sparen, überflüssige

Danksagungen anzuhören. Sind Sie meiner Meynung,
Alcipp? ich verstehe von den Gesetzen nichts, wie ich
Ihnen schon gesagt habe; aber ich glaube ich verliere
nicht viel dabey. Wenn ich mich in die alten Bücher
vertieft hätte so würde ich ein halb hundert Gesetze an-
führen können, die sich aber alle zu diesem Falle eigentlich
nicht recht schicken. Ich würde, um diese mit einander
zu vereinigen, ein ganzes Jahr zugebracht und dabey zuletzt nichts entscheidendes haben sagen können. Nun
aber da ich in meinem Urtheilsprechen blos demjenigen
folge was mir am billigsten scheint, und nicht wie mein
Sekretär den verwirrten Büchern, wovon ein jedes so viel
Lärm macht: so entscheide ich geschwinde und verzögere die
Sache nicht, und wir können uns nun ruhig zum Spiel
setzen.

Alcipp.

Ja Arist, Sie haben Recht, wenn alle Richter, die
ihr Amt für Geld erkauft, ihm so wohl vorstünden wie
Sie, so würde ich die jetzige Mode die Aemter zu ver-
auctioniren für sehr billig halten. Sie haben nach der Billigkeit besser gerichtet als die erfahrensten Rechts-Ge-
lehrten würden gethan haben.

Arist.

Sie thun mir zu viel Ehre an; ich bin recht froh,
daß es nur an mir gelegen hat unsere Gesellschaft wieder
munter zu machen. In dieser Sache habe ich ohne dem
leicht urtheilen gehabt: ich bin der einzige Erbe des alten Geronts, und mein Sekretär der alles nur für sich
thut und mein ganzes Hauswesen regiert, hat den
Proceß angefangen ohne daß ich weder die Ursach, noch
die Person wider die er ihn angestellt, gewußt.

Philine.

Wie? Sie selbst?

Arist.

Auf diese Art ist es mir lieb, daß ich Richter in meiner eigenen Sache gewesen bin, so bin ich doch gegen niemand ungerecht gewesen, und das Vergnügen meinen Freunden eine Gefälligkeit zu erzeigen ist mir mehr als alles.

Philine.

Wie werd ich immermehr so viel Gütigkeit, so viele Großmuth vergelten!

Zemire.

Sie verdienen mehr Lobeserhebungen, Arist, als wir Ihnen alle geben können.

Alcipp.

Und ich bewundere Ihre Großmuth.

Arist.

O lachen Sie mich nicht etwan aus mit so vielem Gepränge: es ist gar keine Großmuth, es ist eines jeden Schuldigkeit zu thun was billig ist, und ich weiß nicht wie man damit Lobeserhebungen verdient. Alles was ich gethan habe ist sehr natürlich und nicht zu bewundern. Hier glaube ich kommt Timant, er wird uns wohl zum Spiel-Tische rufen. Kommen Sie, ich will jetzo gleich einen reitenden Bothen fortschicken, um ihres Herrn Gemahls Freyheit durch einen Befehl zu bewerkstelligen. Bleiben Sie nur wenigstens bis morgen bey uns, wertheste Philine, und seyn Sie hübsch munter: alles was ich mir statt der Gerichts-Unkosten von Ihnen ausbitte ist, die Gesellschaft nicht zu verderben.

Philine.

Mit dem größten Vergnügen bleibe ich hier, es ist billig daß ich Ihnen in allem gehorche.

Zemire.

Sie sind in Gedanken, Alcipp! hatte ich Recht?

Alcipp.

Ja ich irrte mich, Arist hat seine gute Seite: ich sehe es ist nicht alles so schlimm wie ich dachte! (bey Seite.)
So viel Großmuth bey einem Dumm-Kopf!

Zehnter Auftritt.

Timant. Arist. Philine. Zemire. Alcipp.

Timant.

Sind Sie alle hier im Garten beysammen! Sie sehen
mir es gewiß nicht an, daß ich Sie suche, um Sie alle
zu einer Hochzeit zu bitten.

Zemire.

Zu einer Hochzeit?

Timant.

Ja, zu der Hochzeit Cleanthens und Orphisens.

Arist.

Erzählten Sie mir nicht einmal, daß Sie Orphisen
selbst heyrathen wollten?

Timant.

Ja, ihr seliger Vater hatte mir in seinem letzten
Willen seine Tochter mit einem ziemlichen Heyraths-Guthe
zugedacht. Ich war sehr wohl mit beyden zufrieden,
und ich hatte zum Beweise meiner Liebe Orphisen schon
die Unsterblichkeit zugedacht und einige Gedichte auf sie
gemacht. Aber bedenken Sie nur wie ich erstaunte:
wie ich meine Ode, die ich auf dem Tische hatte liegen
lassen, gefunden, und wieder in den Garten gehen wollte,
hörete ich jemanden leise reden, und sahe durch die Aeste
eines schattigten Ganges Cleanthen und Orphisen, die sich
die zärtlichsten Sachen von der Welt vorsagten. Ich

zeigte mich , daß verliebte Paar erſchrack recht ſehr , ich
bat ſie um Vergebung daß ich ſie geſtöret, und legte
ihnen die Hände in einander. Sie waren ganz verwirrt ;
wie ſie aber hörten daß ich von allen meinen Rechten ab=
ſtehen und ihre Liebe nicht hindern wollte , hatten ſie nicht
eine Freude, eine Freude, die mir gar zu wohl gefiel!
Ich bin ſelbſt froh darüber geworden daß ich andern ſo
viel Vergnügen gemacht, und ſo verdrüßlich mir auch
ſonſt der heutige Tag geweſen iſt , ſo vergeß ich doch aller
Verdrießlichkeiten , wenn ich bedenke daß ich andere
froh und vergnügt gemacht,

Alcipp.

Sie können auch auf Ihre Handlung mit Recht ſtolz
ſeyn.

Timant.

Stolz darauf ſeyn ? Nein, auf mein Herz bin ich
nicht ſtolz, aber auf meinen Witz ; es iſt jedermanns
Schuldigkeit ein gutes Herz zu haben , aber einen witzigen
Kopf zu haben iſt keine Pflicht. Ein Dumm=Kopf kann
man mit gutem Gewiſſen ſeyn, aber ein unredlicher Mann
nicht : und alſo habe ich Urſache mir mehr auf meine
Schriften einzubilden als auf meine Handlungen. Denn
daß man ein gutes Herz haben muß, wenn man ein
Schriftſteller, oder nur ein Kenner der ſchönen Wiſſen=
ſchaften werden will , das verſteht ſich ohnedem. Einen
feinen Verſtand zu haben iſt dargegen nichts als eine Klei=
nigkeit.

Alcipp.

O welche Lehre für alle Schriftſteller!

Zemire. (zum Alcipp.)

Sie loben den Timant ? denken Sie nicht mehr ſo
ſchlimm von ihm als ſonſt ?

Alcipp.

Ich geſtehe Sie haben Recht, er hat würklich auch

feine gute Seite. Schade daß er gerade auf seine schlimme Seite stolz ist. Doch ich erkenne, ich irrte mich. (bey Seite.) So ein gutes Herz bey einem Narren!

Timant.

Sie haben die Ursach meiner Freude gehört, nun hören Sie auch die Ursachen meines Verdrusses an. Ich weiß Sie werden mit mir den Verfall der Wissenschaften in Deutschland bedauren.

Arist.

Ja, aber erzählen Sie bald, sonst vergeht die Zeit sich zum Spiele zu setzen.

Timant.

Denken Sie nur! vor einigen Augenblicken kommt mein Bedienter aus der Stadt hier an. Ich hatte ihm bey meiner Abreise Geld gegeben, um in das Schauspiel zu gehen und mein Trauerspiel zu sehen. Nun frag ich darnach, so sagt er mir, das Stück wäre angeschlagen gewesen, aber es wären so wenig Leute darinnen gewesen, daß man unter der Thüre den wenigen die gekommen waren ihr Geld wieder zurück geben mußte. Nun sagen Sie ob man nicht den heutigen Geschmack beweinen muß.

Zemire.

Ich beklage recht sehr das unglückliche Schicksal Ihres Trauerspiels.

Timant.

Hören Sie mehr! ich bekomme noch zugleich von meinem Verleger Briefe, mit denen er mir mein episches Gedicht und alles übrige zurück schickt, und mir schreibt, er könne sie unmöglich drucken lassen: alle kluge Leute hätten ihn versichert daß er keine zehn Exemplaren würde davon los werden, und daß kein einziger anderer Buchhändler die Handschrift von meinem Buche hätte nehmen wollen, wenn man es auch (wie ich schon vorgehabt) zehnmal umsonst geben wollte.

Alcipp.

Das ſind freilich betrübte Nachrichten.

Timant.

Ich wußte ſchon längſt daß in Deutſchland der ſchlimme Geſchmack herrſcht, ſeitdem man ſtatt Hübners Handbuch und Neukirchs Gedichten, Gellerten und die neuen Beyträge lieſt; doch ſo gar ſchlimm hätte ich es nicht geglaubt. Meine Schriften werden einmal zeigen, daß ich nicht mit Theil genommen an der hochtrabenden Schreibart die jetzt einreißt. Mein einziger Troſt iſt, daß noch an den meiſten deutſchen Höfen ein feinerer Geſchmack herrſcht; und dort iſt ohnedem der meiſte Witz, dort kann man artig ſeyn ohne ſich den Kopf mit Denken zu zerbrechen, dort lieſt man Stoppen, Hancken und andere dergleichen gute Dichter noch.

Alcipp.

Das kann nicht anders ſeyn. Man iſt dort gewohnt in allen Sachen nur auf das Aeuſſerliche zu ſehen, und da macht freylich ein Buch in groß Octav mehr Eindruck als ein anders.

Zemire.

Fangen Sie nicht an zu ſpotten, Alcipp! man hat bey Hofe recht ſehr auf das Aeuſſerliche zu ſehen: denn das iſt die Seite von der man ſich dorten zeigt; und wie übel würden unſere Hofleute dran ſeyn, wenn man auf das Innerliche ſehen wollte! Sie ſehen die Leute von der Seite, von der ſie haben wollen, daß man ſie ſelbſt anſehen ſoll. Ihnen, Timant, will ich einen treflichen Rath geben: ein Prophet gilt in ſeinem Vaterlande, und ein Schriftſteller bey ſeinem Leben nichts. Packen Sie Ihre Schriften hübſch in ein Packet zuſammen, nach Ihrem Tode wird man ſie finden, und unſre Nachkommen erſt werden ſie vielleicht ſchätzen. Wer weiß ob

C

man Ihnen nicht in vier oder fünfhundert Jahren Ehren-
Säulen aufrichtet.

Timant. (besinnt sich eine Weile.)

Ja Sie haben recht, die heutige Welt ist meiner
Schriften nicht werth; für die Nachwelt will ich sie auf-
heben, die wird nicht undankbar seyn. Ja, sobald ich in
die Statt komme will ich ihrem Rath folgen und meine Schriften einpacken; und um den Undank der jetzigen
Zeit noch besser zu bestrafen, schwöre ich, in meinem Leben
kein Gedicht mehr zu machen. Zu Bekräftigung meines
Schwurs soll meine Ode an Orphisen der Vergessenheit
aufgeopfert und vernichtet seyn. (er zerreißt ein Stück Papier,
hält aber ein, und besinnt sich.) Für Deutschland, wird der
Schade freylich am grösten seyn.

Alcipp.

O daß doch alle schlechte Dichter diesem Beyspiele
folgen möchten!

Eilfter Auftritt.

Cleanth. Alcipp. Zemire. Arist. Timant. Philine.

Cleanth (zu Zemiren.)

Wo bleiben denn Sie? Ich komme Sie zum Tanze
aufzuziehen. Wir haben Musick bekommen, und alles
tanzt schon oben. Kommen Sie immer mit, Alcipp, und
tanzen ihren letzten Menuet, in Ostindien tanzt man doch
wohl keine solche Tänze.

Zemire.

Es ist wahr, ich hatte Unrecht, daß ich nicht schon
lange hinein gegangen, um Ihnen zu Ihrer Verbindung
Glück zu wünschen: ich will auch gleich mit Ihnen gehen
und Orphisen zugleich meine Freude bezeugen.

Philine.

Viel Glück zum neuen Stande!

Ariſt.

Ich bitte mir aus, daß ich beym erſten Kinde Ge-
vatter werde.

Alcipp.

Sie wiſſen ſchon lange, Cleanth, wie viel Theil ich an
Ihrem Glücke nehme.

Cleanth.

Ich bin Ihnen allen recht ſehr verbunden, kommen
Sie nur geſchwinde herein.

Timant.

Ich will voran laufen, vielleicht vergeht mir meine
Aergerniß beym Tanzen.

(geht ab.)

Ariſt.

Kommen Sie, Philine! ich will gleich den Befehl zu
Ihres Herrn Gemahls Befreyung ausfertigen, und hernach wollen wir einen Menuet zuſammen tanzen. Ich
will heute durchaus kein ernſthaft Wort mehr hören.

(geht mit Philinen ab.)

Cleanth.

Und Sie Alcipp, Sie ſehen mir noch immer ein wenig Batavianiſch aus; hat Sie Zemire nicht bekehrt?
Kommen Sie, wir wollen Sie ſchon munter machen. Ich
glaube doch wir ſind immer ſo gut als Ihre Indianer,
und ich biete Ihnen Trotz, mir in Oſtindien ein ſo nied-
liches Geſicht aufzuweiſen, als da die kleine Zemire.
(zu Zemiren) Sie lachen? nein es iſt keine Schmeicheley:
Ihre Augen allein würden die Indianer beſſer überwinden
und bekehren, als die Waffen der Spanier. (er küßt ihr die
Hand.) Wenn ich nicht ſchon mit Orphiſen verſprochen

wäre, ich hätte wahrhaftig Luft, Alcippen bey Ihnen auszustechen. Was das für ein ernsthaftes Gesicht ist, das Alcipp macht! (er zuckt die Achseln.) Sieht er nicht leibhaftig
einem Holzschnitte von einem der sieben griechischen Weisen
gleich!

Alcipp.

Wenn Sie mir nichts bessers zu sagen haben, so gehen Sie immer zu Ihrer Braut, ich bitte Sie, und lassen Sie mich einige Augenblicke mit Zemiren reden.

Zemire.

Ja man möchte aber die englischen Tänze etwan ohne
mich anfangen, und das wäre mir ungelegen. Ist es
denn etwas kluges das Sie mir zu sagen haben?

Cleanth. (er singt.)

A la table & au lit

Tout gémit

Quand j'y suis.

Fast hätte ich vergessen, Alcipp, ich muß Sie bitten sobald Sie in Ostindien sind, so vergessen Sie ja nicht
meiner Orphise einen recht schönen Papagey zu schicken;
und wenn Sie sich verheyrathen und etwa Kinder bekommen sollten, so schicken Sie mir etwas von Ihrer
Art, ich will es auferziehen.

Alcipp.

Die Freude muß Sie sehr übernommen haben! kön-
Sie sich nicht überwinden nur einen Augenblick vernünftig und ernsthaft zu seyn?

Cleanth.

Ernsthaft seyn? ernsthaft seyn? was das für eine
Zumuthung ist. An meinem Hochzeit-Tage! ich ernsthaft seyn? Mein dazu ist nach der Hochzeit schon Zeit

genug! wenn wir morgen in der Stadt sind, will ich
den Priester der uns trauen wird, bitten für Sie zu
bethen, für einen Menschen der an der Ernsthaftigkeit
krank liegt. Kommen Sie kommen Sie, Zemire, wir
wollen dieses ernsthafte Gesicht allein lassen.

(er nimmt sie bey der Hand.)

Alcipp.

Nein, bleiben Sie Zemire, und lassen Sie mich mit
Ihnen einmal ernsthaft reden: lassen Sie Cleanthen mit
seinen sinnreichen Spöttereyen immer laufen.

Zemire.

O ich bin Ihre gehorsame Dienerinn, wenn andre
Leute tanzen soll ich da bleiben, um ernsthaft zu schwatzen? Nein, ein andermal will ich ernsthaft seyn, nur
jetzo will ich tanzen. Wenn Sie klug sind, so gehn
Sie mit uns, und Sie sollen der erste seyn den ich
nach Cleanthen aufziehe.

Cleanth.

Viel Glück auf die Reise nach Ostindien, Alcipp!

(gehn beyde ab.)

Zwölfter Auftritt.

Alcipp allein.

Zemire läßt mich in der grösten Verwirrung, um ja
keinen Menuet zu versäumen: da Cleanth glücklich ist,
vergißt er daß ich es nicht bin: o verlassener Alcipp!
wirst du denn immer in der Freundschaft und in der Liebe
unglücklich seyn? Zwar wenn ich es bedenke, so hat Zemire recht. Alles in der Welt kann man auf zweyerley
Weise auslegen — — ich war bisher mit allem in der
Welt misvergnügt, und hätte vielleicht Ursachen es mit
niemanden, als mit mir selbst zu seyn.

C 3

Ein Bedienter.

Hier ist ein Brief mein Herr, den ein Courier der
so stark ritte als das Pferd laufen konnte, gebracht
und der wie ich glaube Ihnen gehört.

Alcipp (macht den Brief geschwind auf, und liest ihn halb laut.)

Mein Herr! ich wünsche, daß Sie diese Nachricht
gelassener empfangen möchten als ich hoffe und als ich
sie Ihnen schreibe. Ich bin so erschrocken, daß ich nicht
mehr als zwey Zeilen schreiben kann. Ihr Haus ist abgebrannt, alle Sorgfalt war umsonst; umsonst habe ich
nur wenigstens die vornehmsten Kostbarkeiten zu retten
gesucht. Kurz, fast Ihr ganzes Vermögen ist hin.
Ihre Freunde haben keine Mühe gespart; doch alles
war vergebens. Morgen werde ich Sie sehen. Leben Sie
wohl! werden Sie nicht zu sehr von diesem unvermuthe-
ten Zufall niedergeschlagen. Ich bin Ihr aufrichtiger
Freund. Damon — — Es ist wahr, die Nachricht ist
unvermuthet. (er sieht sich um, und wird den Bedienten der ihm
zugehört gewahr.) Es ist ziemlich unverschämt mein guter
Freund, was macht ihr da? (der Bediente geht ab.) So
zwinget mich die Noth zu dem, was ich vielleicht
aus Eigensinn vorher thun wollte. Ja, Ostindien ist
meine einzige Zuflucht, nur deswegen ist es mir leid,
weil ich vor meiner Abreise noch verschiedenen Leuten
Gutes thun wollte — — Nun ist es umsonst, es ist mir
unangenehm — — aber der Verlust meines ganzen Ver-
mögens fällt mir nicht so hart, als der Leichtsinn Zemirens — — Doch was kommt hier schon wieder?

Dreyzehnter Auftritt.

Zemire. Cleanth. Philine. Arist. Alcipp.

Zemire.

Ist es denn wahr Alcipp, was ein Bedienter uns

gesagt? Doch Sie haben den Brief noch in der Hand,
wir sind alle geschwinde gelaufen — —

Cleanth.

Ja, in der Hälfte eines Menuet bin ich fortgelaufen;
ist es denn gewiß?

Arist.

Ey, ey, das ist wirklich sehr betrübt.

Philine.

Wir kommen alle heraus, Ihnen unser Beyleid zu
bezeigen, und es wird uns allen ein Vergnügen seyn, Ihnen in etwas dienen zu können. Es ist ein sehr großes
Unglück.

Alcipp.

Von einem sehr großen Unglück weiß ich nicht.
Mein Haus ist abgebrannt. Ich war ohnedem willens
es bald zu verlassen, um eine Reise zur See vorzunehmen, die jetzo desto ehender erfolgen wird. Ich bin Ihnen allen für Ihr Mitleiden verbunden.

Cleanth.

Nein Sie sollen nicht reisen. Da ich jetzo so glücklich
bin Orphisen zu heyrathen, werde ich mit ihr auf ihr
Gut ziehen, und ich war willens mein Haus in der Stadt
zu verkaufen. Erlauben Sie Alcipp, daß ich es zu einem edlern Endzweck anwende. Es gehört Ihnen samt
allem was darinnen ist, nehmen Sie es statt desjenigen
an das Ihnen abgebrannt; Orphise hat mir selbst den
Anschlag eingegeben es Ihnen anzubieten. Ich freue
mich recht, Ihnen einmal wenigstens auf eine Art zeigen
zu können, daß ich ein wahrer Freund bin.

Alcipp.

Ihr Anerbieten ist großmüthig. Verzeihen Sie mir
aber, wenn ich es nicht annehme. Ich habe noch genug

um nach Ostindien reisen zu können, und mehr brauche ich jetzt nicht. Ihre Freundschaft rührt mich, ich erkenne ihren Werth; und das Vergnügen Ihre Freundschaft zu erkennen ist mehr bey mir als das, was Sie mir so großmüthig anbieten.

Zemire.

Ja Alcipp, Sie haben recht! ja schlagen Sie Cleanthens Anerbieten aus: die Liebe ist allein bestimmt die Fehler Ihres Glücks zu ersetzen. Aus Eigensinn aus Leichtsinnigkeit schlug ich bisher Ihre Hand aus. Nun ist es Zeit daß Ihr Verdienst das Glück, und Ihre Liebe meinen Eigensinn besiege. Ich habe Vermögen genug um uns beyde reich zu erhalten. Nehmen Sie meine Güter, meine Hand, und mein Herz zum Ersaß von dem was Ihnen das Glück geraubt; und verzeihen Sie mir, zärtlicher Alcipp, wenn ich Ihre Geduld so lange versucht habe.

Alcipp.

Unvergleichliche, göttliche Zemire! wie groß, wie liebenswürdig ist Ihr Herz! Ja nun bin ich glücklich; o Himmel! mehr habe ich nicht von dir verlangt. Zemire liebt mich wirklich, und ich bin trotz allen Unfällen glücklich: nein Zemire, ich will weder der Liebe noch der Freundschaft zur Last seyn. So sehr mich Ihr Anerbieten entzückt, so sehr wäre ich zu tadeln, wenn ich es annähme. Bedenken Sie daß Sie eine bessere Wahl treffen können, und daß — —

Zemire.

Grausamer! wollen Sie mich dafür strafen, daß ich Ihre Zärtlichkeit so lange habe schmachten lassen? Vielleicht habe ich es nicht ohne großen Zwang gethan; lassen Sie mir das Vergnügen Sie glücklich zu machen: ja Alcipp, ich bin die Ihrige, ewig werde ich es seyn!

wenn ich Sie vergnügt mache, ſo bin ich noch weit
glücklicher als Sie.

Alcipp.

Alſo iſt es denn kein Traum, Zemire, daß Sie Ihre
Hand einem Menſchen anbieten, dem das Glück ſein Vermögen geraubt! einem Menſchen, der bisher durch ſein
Misvergnügen den Himmel vielleicht beleidiget, und der
nunmehro blos durch Sie erkennt, daß die Welt wirklich glücklich und angenehm iſt. O nein! ſoll ich Ihnen
die Empfindungen meiner Zärtlichkeit ausdrücken, göttliche Zemire? (er läßt ihr die Hand) nunmehro reiſe ich vergnügt, meine Wünſche ſind erfüllt, Sie lieben mich, denken Sie manchmal an mich wenn ich entfernt bin:
ewig will ich mich mit dem Gedanken tröſten, daß ein
Herz wie das Ihrige in der Welt iſt. Die neue Welt
wird mich ſehn. Ich werde Sie vielleicht nimmermehr
erblicken: es ſchmerzt mich, doch ich ſterbe vergnügt,
denn ich bin von Ihrer Liebe überzeugt. Allzugroßmü-
thiges, anbetungswürdiges Kind, verzeihen Sie mir,
wenn meine Thränen noch flieſſen, da ich doch weiß
daß Sie mich lieben.

Zemire.

Alcipp, was ſagen Sie? Sie mich verlaſſen? O Sie
haben mich nie geliebt wenn Sie dieſes denken können.

Cleanth.

Das war eine glückliche Feuersbrunſt für meinen
Freund: er glaubte nicht ſo geliebt zu ſeyn.

Ariſt.

Ja, ja es iſt aber doch eine ſeltſame Sache um das
Feuer, wie es alles in ſich freſſen kann. (zu Alcippen.)
Aber iſt es denn gewiß, daß Ihr Haus ganz abgebrannt
iſt? Hat man nichts retten können? Es muß aber doch
eine Nachläſſigkeit dabey vorgegangen ſeyn: in dem Briefe
ſtand es, laſſen Sie doch ſehen.

Alcipp.

Da lesen Sie.

Arist (nimmt den Brief, und liest die Aufschrift.)

Ein hübsches Petschaft: an Cleanthen! Wie? Das ist ja nicht an Sie, Alcipp.

Alcipp.

Wie? was ist das? ja an Cleanthen — —

Cleanth.

Der Brief ist, wie ich sehe, von unserm gemeinschaftlichen Freund Damon. Ja er muß an mich gehört haben. Es ist eine Unbesonnenheit des Bedienten, der nicht lesen kann.

Alcipp.

Ich kann Ihre Hand nunmehro annehmen, ohne mir Vorwürfe zu machen. Soll ich glücklich seyn, Zemire?

Zemire.

Glauben Sie denn noch nicht, daß ich Sie liebe?

Alcipp.

Welche Entzückung!

Arist.

Das ist doch eine seltsame Sache; ohne mich wäre nun alles verwirrt.

Cleanth.

Ja es ist sicher, der Brief gehöret mir.

Alcipp. (der unterdessen einige Worte mit Zemiren leise geredet.)

Ja Cleanth, das Glück hat mein Haus verschonet, und das Ihrige dem Feuer Preis gegeben, um mir eine Gelegenheit zu geben Ihre Freundschaft einigermaßen zu beantworten. Erlauben Sie, daß ich für Sie thue, was

Sie für mich thun wollen. Mein Haus ist Ihre, ich gebe Ihnen nichts als Ihr eigenes Geschenke wieder zurück; beleidigen Sie unsere Freundschaft nicht durch Weigerungen.

Cleanth.

Nein, muthen Sie mir es nicht zu, es anzunehmen.

Vierzehnter und letzter Auftritt.

Timant. Alcipp. Zemire. Cleanth. Arist. Philine.

Timant.

Erst den Augenblick habe ichs gehört. Ist es wahr Alcipp, was man mir erzehlt?

Philine.

Nein, was man Ihnen von der Feuersbrunst erzehlet, ist nicht wahr; aber das ist wahr, daß Sie hier in Alcippen und Zemiren ein neues Braut-Paar sehen.

Timant.

Ein Braut-Paar? o recht schöne! ich wünsche Ihnen viel Glück. Sie schicken sich recht gut zusammen. Ich will eine Ode auf ihre Verbindung machen, die — — (er schlägt sich vor die Stirne.) Fast hätte ich vergessen, daß ich verschworen habe mehr Verse zu machen.

Cleanth.

Kommen Sie, und lassen Sie uns der übrigen Gesellschaft diese fröliche Nachricht erzählen.

Zemire.

An was denken Sie, Alcipp? Werden Sie noch immer schwermüthig seyn? hatte ich nicht Recht? hat

Cleanth, wie ich, nicht auch seine gute Seite? ist nicht alles mittelmäßig, wenn es gleich nicht ganz gut ist?

Alcipp.

Ja, liebenswürdige Zemire, ja ich erkenne meinen Irrthum! ich hatte Unrecht, meine Schwermuth ist zu tadeln. Ich selbst war an den Fehlern schuld, die ich der Welt zuschrieb. Nunmehr sehe ich gar wohl ein, daß alle Menschen in der Welt und alle Sachen ihre gute und böse Seite haben. Meine Unzufriedenheit war eine Thorheit. Nun verlange ich nichts mehr: ich besitze Sie, Zemire, und ich bin nicht mehr misvergnügt.

Lied.

Alcipp.

Die Schwermuth flieht bey deinen Blicken,
Die Liebe siegt, Zemire lacht.
Was kann wohl in der Welt beglücken,
Wenn nicht die Liebe glücklich macht?
Das ist der Liebe gute Seite.
Doch wenn die Treu der Liebe fehlt,
Wenn Eifersucht und Argwohn quält:
O das ist, außer allem Streite,
Die schlimme Seite.

Zemire.

Wenn uns die Weisheit menschlich machet,
Erhaben ist, doch es nicht scheint;
Wenn ein vergnügter Weiser lachet,
Da wo ein Sterblicher sanft weint:
Das ist der Weisheit gute Seite.

Ein Lustspiel.

Doch wenn sie Scherz und Lust verscheucht,
Verdrüßlich macht, der Schwermuth gleicht:
O das ist, außer allem Streite,
Die schlimme Seite.

Philine.

Daß in des Ehstands ersten Tagen
Ein junges Paar sich zärtlich liebt,
Und, fern von Streitigkeit und Klagen,
Sich lauter süsse Worte giebt:
Das ist des Ehstands gute Seite.
Doch rauscht ein Vierteljahr vorbey,
Ist das Vergnügen nicht mehr neu:
O dann kommt, außer allem Streite,
Die schlimme Seite.

Cleanth.

Ich glaub, man kann in unsern Tagen
Bisweilen doch noch Richter sehn,
Die nicht den Armen von sich jagen,
Und selbst dem Golde widerstehn;
Das ist der Richter gute Seite.
Doch kommt ein junges Weib und klagt,
Daß ihr der Mann ihr Recht versagt:
O dann kommt, außer allem Streite,
Die schlimme Seite.

Arist.

Daß Stutzer reiche Westen tragen,
Beständig weiß gepudert gehn;
Dreist, wenn sie lieben, alles wagen,
Scheint manchen jungen Mädchen schön:
Das ist des Stutzers gute Seite.

Doch traut nicht, Mädchen, denket dran,
Daß gar kein Stußer schweigen kann:
O das ist, außer allem Streite,
Die schlimme Seite.

Timant.

Für unsre deutsche Bühne schreiben,
Ist etwas das gefährlich klingt.
Die Neugier wird zwar manchen treiben,
Zu sehn wie der Versuch gelingt:
Das ist des Luftspiels gute Seite.
Doch wenn das Stück einst nicht mehr neu,
Dann klatschet niemand mehr dabey:
O das ist, außer allem Streite,
Die schlimme Seite.

Der

rste Aprill.

Ein Lustspiel,

in einem Aufzuge.

Perſonen.

Frau von Orgon.

Herr von Ariſt, ihr Bruder.

Fräulein Chriſtianchen, ihre Nichte.

Cathrinchen, Fräulein Chriſtianchens Kammermädchen.

Martin, Gärtner bey der Frau von Orgon.

Herr von Melamp, ein alter Land-Junker.

Herr von Clitander, verliebt in Fräulein Chriſtianchen.

Philipp, Bedienter des Herrn von Melamp.

Einige Bauren und Bäuerinnen.

Der Schauplatz iſt im Garten, bey dem Landhauſe der Frau von Orgon.

Erſter Auftritt.

Martin (kommt mit einem großen Prügel in der Hand heraus gelaufen, und ſieht immer in die Höhe.)

Es iſt doch des Henkers gar, daß man in ſeinen
eigenen vier Pfählen nicht einmal vor Diebereyen
ſicher ſeyn kann! he, he, herunter — — Nu,
wo iſt denn mein Obſt=Dieb? (ſieht immer in die Höhe.)
Gib ſie her, du Schlingel! gib her was du mir genom=
men haſt — — Ich ſehe noch immer nichts, wohin
muß er ſich verſteckt haben? Heraus, heraus! ich will
dich lehren, was es heißt, einen ſo handveſten
Gärtner — —

Zweyter Auftritt.

Cathrinchen. Martin.

Cathrinchen.

Ha, ha, ha. Nun Herr Martin, haben Sie den
Obſt=Dieb?

Martin.

Ja wo ſoll ich ihn haben? Ich glaube es iſt ein
Herenmeiſter, er muß ſich unſichtbar machen können;
ich ſehe nichts.

Cathrinchen.

Und ich auch nichts. Ha, ha, ha.

D

Martin.

Ich dächte es wäre klüger, wenn du statt beines Gelächters mir den Baum wiesest, worauf du den Dieb gesehen hast.

Cathrinchen.

Ereifern Sie sich nicht, Herr Martin, und sagen Sie zuerst, ob Sie nicht wissen, den wievielsten wir heute schreiben?

Martin.

Je nun, es werden doch die Hunds=Tage nicht seyn; was fehlt dir denn heute? — Sie jagt mich in den Garten herab, und sagt mir, daß sie von ihrem Fenster einen Dieb auf meinen Bäumen hat sitzen sehen; und nun steht sie da und lacht.

Cathrinchen.

Was mag wohl heute guts im Kalender stehn?

Martin.

Nu! steht etwa darinnen, daß es heute gut stehlen ist, weil mein Obst=Dieb davon gelaufen ist?

Cathrinchen.

Nein, es ist aber gut in Aprill schicken. Ha, ha, ha.

Martin.

Mit deinem verzweifelten ersten Aprill! daß ich doch den Tag nicht merken kann! deswegen hast du mich so herum gesprenget? Ich bin ganz außer Odem, so habe ich mich ereifert. Nun wart, das sollst du mir nicht umsonst gethan haben; ich will dich schon einmal davor in den ersten May schicken.

Cathrinchen.

Ha, ha, ha, bist du nicht ein rechter Einfalts=Pinsel! nun, nun sey wieder gut, du bist mir dumm genug zum

Männe, wenn du nur nach der Hochzeit auch so leicht-
gläubig bist.

Martin.

Ja freilich, du kleine Kröte! bin ich ein Einfalts-
Pinsel, und das ist ein jeder der den Mädgen etwas
glaubt. Bey euch ist alle Tage der erste Aprill, ihr seyd
alle mit einander — —

Cathrinchen.

Und was?

Martin.

Mädgen; das ist genug gesagt. Vor zwey Jahren
schicktest du mich in die Stadt, um ein Unthier zu sehen das
Rhinoceros hieß; und wie ich kam, sagten mir die Leute,
ich hätte es gar wohl sehen können, wenn ich nur zwey Jahre
eher gekommen wäre. Vor dem Jahre machtest du mir
weiß, du wolltest des Nachts zu mir in Keller kommen, und sperrtest mich in ein Gewölbe, wo ich fast erfro-
ren wäre; und nun ärgere ich mich halb zu Tode wegen
eines Diebes — —

Cathrinchen.

Du hast wohl große Ursache dich über mich zu bekla-
gen!

Martin.

Du bist ein kleines, böses, falsches, lügenhaftes liebes
Ding. Aber wenn ich wüßte daß du mir in der Ehe
auch solche Streiche spielen wolltest — —

Cathrinchen.

Ein andrer als du würde mir für den heutigen Aprill
danken. Ich schicke dich in den Garten, um Gelegenheit
zu haben mit dir allein zu seyn.

Martin.

Bey meiner Treue, du hast Recht, ich hätte es fast

nicht gemerkt. Ja, ja, schicke mich immer nur so fein öfters in Aprill. Was das nicht um ein Mädgen vor ein schlaues Ding ist! Ich bin im Ernste dumm gewesen, aber jetzt komm mein Schätzgen! (er will sie umarmen)

Cathrinchen.

Zurück, zurück Herr Martin, mässigen Sie sich; was ich gesagt habe war nur Scherz.

Martin.

Nur ein Schmätzgen.

Cathrinchen.

Warte bis nach der Hochzeit, ich verstatte keinen eher, als bis der Priester etwas dazu gemurmelt hat.

Martin.

Bist du etwa schon einmal in Aprill geschickt worden, weil du jetzt so vorsichtig bist?

Cathrinchen.

O! laß mich gehn, ich bin heute so nicht aufgeräumt; mache mich nicht böse.

Martin.

Und warum bist du nicht aufgeräumt? heute da eine Hochzeit im Hause ist, sollte alles so lustig seyn als ich; he, wie will ich tanzen!

Cathrinchen.

Eben die Hochzeit macht mich verdrüßlich. Sage selbst, Martin, ist es nicht ewig Schade daß ein Mädgen von sechzehn Jahren, wie mein Fräulein, so einen alten häßlichen steifen Landjunker heyrathen soll?

Martin.

Ja, die Braut ist freilich nicht zum besten versorgt mit ihrem Herrn von Sultan.

Cathrinchen.

Sultan? du Stockfiſch! Herr von Melamp heißt er ja.

Martin.

Je nun, Melamp oder Sultan das iſt einerley; ich
wußte wohl daß es ſo ein Hunds-Name war. Aber ſage
mir, was ſagt dann Fräulein Chriſtianchen zu ihrem
Bräutigam?

Cathrinchen.

O gar nichts. Sie iſt, ich weiß nicht ſoll ich ſagen
zu unſchuldig oder zu einfältig, um einen andern Willen
zu haben, als den Willen ihrer alten närriſchen Tante.
Ich ſollte an ihrer Stelle ſeyn!

Martin.

Ja, daß du nicht einfältig biſt, weiß ich: ob du
unſchuldig biſt, das iſt eine andere Frage. Aber woher
hat denn die Frau von Orgon ſo viel Macht über ihre
Nichte?

Cathrinchen.

Herr Ariſt wird gewiß mit der Heyrath ſeiner Nichte nicht zufrieden ſeyn, und ſich mit der Frau von Orgon
abwerfen, weil ſie alles ſo heimlich vor ihm hält. Weil
ihre Nichte im Hauſe bey ihr iſt, glaubt ſie ein Recht
über ſie zu haben.

Martin.

So iſt es wohl des Herrn Ariſts wegen, daß alles
ſo in der Stille auf dem Lande zugehen ſoll? Man hat
wie ich glaube, nicht einmal Spielleute beſtellt. Die
Türken und die Heyden könnten ſich nicht mit wenigern
Umſtänden verheyrathen: kein Hochzeitmahl, nichts! das
arme Mädgen dauert mich doch.

Cathrinchen.

Mich auch, aber ſie iſt ſelbſt daran Schuld: warum folgt ſie ihrer Tante ſo.

Martin.

Ja, bey dem alten Manne wird ſie oft in April geſchickt werden.

Cathrinchen.

Stille, hier iſt ſie.

Dritter Auftritt.

Fräulein Chriſtianchen (die ſich ganz einfältig ſtellt.) **Die Vorigen.**

Martin.

Man ſieht doch gleich was eine Braut iſt! was das nicht für ein Putz iſt! das gnädige Fräulein ſieht heute wie eine Prinzeßinn aus.

Cathrinchen.

Schade nur, daß Sie keinen beſſern Prinzen hat als den alten Herrn von Melamp; für den iſt dieſer Putz zu gut.

Martin.

Der Putz möchte wohl recht für ihn ſeyn, aber die Braut iſt gewiß zu gut: Sie ſehen bey alledem ganz ver-drüßlich aus, gnädiges Fräulein!

Fräulein Chriſtianchen.

O nein, ich bin gar nicht verdrüßlich; ich bin nur ſo in Gedanken. Alſo iſt es wahr daß mir mein Kleid gut ſteht ?

Cathrinchen.

Ja, freylich ſteht es Ihnen gut. (leiſe zu Martin) Ich möchte weinen wenn ich dran gedenke, daß ſo ein niebliches Mädgen dazu verdammt iſt, mit einem alten Landjunker zu leben.

Fräulein Chriſtianchen.

Was ſageſt du dem Martin ſo leiſe? iſt es auch wahr? bin ich nicht gut gepußt?

Martin.

O bey meiner Treu, wir reden von Ihnen, und bedauren nur, daß Ihr Bräutigam zu alt iſt, um einer ſo ſchön gepußten Dame aufwarten zu können.

Fräulein Chriſtianchen.

Alt iſt er freylich; aber was ſchadet denn das?

Martin.

Nun, die Frage iſt unſchuldig genug.   ⸱

Cathrinchen.

Ja, Sie hätten freylich einen liebenswürdigern Bräutigam verdient.

Fräulein Chriſtianchen.

Sind denn nicht alle Mannsleute einerley? ich habe noch keinen liebenswürdiger gefunden als den andern; und ich würde in meinem Leben mit keinem geredt haben, wenn es meine Tante nicht hätte haben wollen.

Martin. (leiſe zu Cathrinchen.)

Sie iſt doch bey meiner Treu gar zu einfältig.

Cathrinchen.

Alſo wiſſen Sie auch nicht, was Liebe iſt?

Fräulein Chriſtianchen.

Ja, ich glaube ich habe etwas davon geleſen. Hat die Liebe etwas beym Heyrathen zu thun?

Martin.

Nicht eben allemal gar zu viel: heut zu Tage iſt
ſie nur vor der Heyrath Mode.

Fräulein Chriſtianchen.

Umſonſt, es gehöret Verſtand dazu, verliebt zu ſeyn;
und ich bin gewohnt ſo in aller Einfalt fortzuleben: in
meinen Büchern ſteht von einer Liebe, die mir ſo gekün-
ſtelt vorkommt, daß ich nichts davon verſtehe.

Cathrinchen.

Nun, Sie ſind wohl die erſte von Ihrem Alter, die
das Lieben nur aus Büchern kennt.

Martin.

Deſto beſſer für den Herrn von Melamp, der wird
ihr ſeine Liebe auch nur aus Büchern erklären.

Cathrinchen.

Nein, vielleicht iſt es deſto ſchlimmer für ihn! Wenn
Sie in die Stadt kommen, gnädiges Fräulein, da werden Sie gar viele Lehrmeiſter finden, die ſie Ihnen werden
genauer kennen lehren. Unſere junge Herren würden ſonſt
gar nichts verſtehn, wenn ſie das nicht verſtünden.

Fräulein Chriſtianchen.

Ey, das wird recht artig ſeyn: ich will meinen Mann
bitten, daß er mir einige ſolche Lehrmeiſter halten ſoll;
ich bin ohnedem noch ſo einfältig, daß es eine Schande iſt.

Martin.

He, der Vorſchlag wäre der allerbeſte; das ſchlimm-
ſte iſt, daß die Männer dergleichen Lehrmeiſter nicht leiden
wollen.

Fräulein Chriſtianchen.

Warum denn nicht?

Martin.

Weil die Eiferſucht Schuld daran iſt.

Fräulein Chriſtianchen.

Warum? und um was ſind denn die Männer eiferſüchtig?

Martin.

Ja, das braucht zuviel Weitläuftigkeiten, wenn ich Ihnen das erklären wollte. Man kann zwar die eiferſüchtigen Männer betrügen.

Fräulein Chriſtianchen.

O dazu bin ich nicht ſchlau genug.

Cathrinchen (zornig.)

Es iſt nichts mit Ihnen anzufangen.

Fräulein Chriſtianchen.

Gerade fällt mirs ein: Martin, hole mir doch ein Bündchen Blumen auf den Kopf zu ſtecken. Trage ſie nur in meine Stube hinauf.

Martin.

Gleich, Fräulein Braut! (er ſieht ſich im Weggehen um, und ſagt:) was das nicht für ein unſchuldiges Mädchen iſt!

Vierter Auftritt.

Fräulein Chriſtianchen. Cathrinchen.
Fräulein Chriſtianchen.

Es iſt mir recht lieb daß er fort iſt, mein liebes Cathrinchen! um die Blumen war es mir nicht zu thun; aber ich muß dir ein wichtiges Geheimniß entdecken.

Cathrinchen.

Sie, gnädiges Fräulein, haben Geheimnisse?

Fräulein Christianchen.

Ja, du sollst mir einen Dienst leisten, an dem alles Vergnügen meines Lebens hänget. Wir sind alleine hier, siehe dich doch vor dem Garten-Thore um, dort wirst du eine junge wohlgekleidete Mannsperson finden.

Cathrinchen.

Eine junge wohlgekleidete Mannsperson? Nun — —

Fräulein Christianchen.

Die must du zu mir in den Garten führen, und Schildwache stehen, damit uns niemand beysammen ertappt.

Cathrinchen.

So? und darf ich fragen wer diese junge Manns-person ist?

Fräulein Christianchen.

O es ist der liebenswürdigste Mensch.

Cathrinchen.

Liebenswürdig! ich dachte es wäre keine Mannsper-son liebenswürdiger als die andere?

Fräulein Christianchen.

Ich muß dir nur alles gestehen. Dieser junge Mensch heißt Clitander; er liebt mich schon einige Zeit, und ich liebe ihn wieder so feurig.

Cathrinchen.

Sie lieben? ist das das Buch aus dem Sie die Liebe haben kennen lernen.

Fräulein Christianchen.

Ich sahe ihn, als wir das letzte mal in der Stadt

waren; er gefiel mir, er fand tauſend Gelegenheit mich
zu ſprechen; und jetzo iſt er mir nachgereiſt und hält
ſich auf einem Dorfe in der Nähe auf. Er wird nicht
weit von der Garten-Thüre ſeyn, und ich will mit ihm
ſprechen, um meine Heyrath mit dem alten verdrüßli-
chen Melamp zu verhindern.

Cathrinchen.

O dazu ſind Sie nicht ſchlau genug. Alt iſt er
freylich, aber was ſchadet das? ſind denn nicht alle Manns-
bilder einerley?

Fräulein Chriſtianchen.

O plage mich nicht; weil Martin dabey war, habe
ich freylich zuvor mich noch ein wenig einfältiger ſtellen
müſſen, als ich bin. Verzeihe mir, daß ich bisher ſo
geheimnißvoll gegen dich geweſen bin. Ich dachte ein
Mädgen müßte in der Liebe verſchwiegen ſeyn, und ich
fürchtete mich vor meiner Tante.

Cathrinchen.

Nein, ich kann Ihnen Ihre Verſchwiegenheit nicht
vergeben, wenn Sie mir nicht alles erzehlen wie es zu-
gegangen, daß Sie dieſe junge Mannsperſon — —

Fräulein Chriſtianchen.

Ich habe dir ſchon das meiſte geſagt. Wir hatten
eine Erfindung mit einander Briefe zu wechſeln, ich hatte
ihm angelernet, einen von ſeinen Bedienten in Bettlers-
Kleidern in die Küche zu ſtellen. Mit dem Vorwand,
Almoſen zu geben — —

Cathrinchen.

Nahmen Sie den Brief? was das nicht für ein Einfall
iſt! Sie ſtellen ſich ſo unwiſſend an, und können ſolche
Erfindungen haben! was wollen Sie aber jetzo mit Ihrem
Clitander machen?

Fräulein Christianchen.

Ich will mit ihm reden, und ihm den närrischen Vor,
satz meiner Tante recht erzählen. Sie hat im Ernst keine
Gewalt über mich. Arist, meinen Onkel, will ich schon auf
meine Seite bringen; und wenn kein ander Mittel ist
der Heyrath vorzukommen, so möchte ich wohl —

Cathrinchen.

Und was?

Fräulein Christianchen. (hält sich das Gesicht mit dem Fächer zu.)

In eine Entführung willigen — — aber gehe doch
nur zu Clitandern. Er wartet gewiß schon vor der
Garten-Thüre. Worzu sollen wir so lange plaudern?

Cathrinchen.

Nun, ich thue was Sie mich heissen. Ich thue
vielleicht Unrecht, aber was kann das Mitleiden nicht!
(sie geht und sagt im Gehen:) Was das nicht für eine Unschuld ist! He! wer ist da?

Fünfter Auftritt.

Clitander. Fräulein Christianchen. Cathrinchen.

Clitander.

Ich kann unmöglich länger warten: ich habe Sie
reden hören, und ich eilte herein, um mich zu Ihren
Füssen zu werfen; um Ihnen tausendmal zu sagen, daß
ich Sie liebe; um diese schönen Hände zu küssen, und
um Sie zu fragen, was ich für ein Glück oder Unglück
erwarten soll.

Fräulein Christianchen.

Ach Clitander! Sie haben mich recht erschröckt.

Stehen Sie doch auf, schämen Sie sich nicht für Cathrinchen! was soll ich Ihnen sagen? ach, ich weiß selbst nicht was ich will.

Clitander.

Liebenswürdiges Kind, wie sehr enzückt mich die angenehme Unordnung Ihrer Reden nicht! ja, Sie lieben mich, ich bin es überzeugt, und ich bin der glücklichste der Menschen. Aber soll ich es nur seyn um desto unglücklicher zu werden, um zu leiden daß Sie in den Armen des Melamp ruhen sollen? nimmermehr, ehe will ich sterben. Wenn Sie nicht genug Liebe für mich haben, wenn Sie zu zaghaft sind den Entschluß zu fassen, der Tyranney Ihrer Tante mit mir zu entfliehen. — —

Cathrinchen.

Geschwind, geschwind, Herr von Clitander! verstecken Sie sich. Herr von Melamp kommt selbst mit Stiefeln und Spornen. Geschwind hinaus zum Garten.

Clitander.

Er mag kommen, ich fürchte nichts mehr, wenn mich Christianchen nicht genug liebt, um — —

Cathrinchen.

Ja, jetzo ist es Zeit einen Romanen-Helden vorzustellen! Geschwinde zum Garten hinaus, noch ist die Thüre offen.

Fräulein Christianchen.

Liebster Clitander! ach, gehen Sie jetzo. Entfernen Sie sich, ich will alles thun was Sie wollen.

Clitander.

Anbetungswürdiges Kind, wie soll ich — —

Cathrinchen.

O, so packen Sie sich doch! (sie stößt ihn hinaus.)

Fräulein Christianchen.

Daß er doch gerade zum Unglück kommen muß!

Cathrinchen.

Ja, es ist eine verzweifelte Sache, daß die Mutter oder ein Eifersüchtiger allemal sowohl in der Comödie, als im gemeinen Leben kommen müssen, um ein paar verliebte Seelen, die kaum Zeit gehabt einander ein paar Worte zu sagen, zu stören. Doch stille: Hier kommt er schon, und sein Bedienter auch.

Sechster Auftritt.

Herr von Melamp. Fräulein Christianchen. Philipp. Cathrinchen.

(Philipp und Cathrinchen machen einander Complimente und Minen.)

Melamp.

Es ist doch ein verfluchter Weg hieher! ohngeachtet meines starken Hustens, den ich nun schon zwey Jahre habe, bin ich so stark geritten als wenn ich Post ritte. Es ist auch wahr daß mein neuer Schimmel, ohne Ruhm zu melden, der beste Klepper in der ganzen Gegend ist. Er hat mich ein einzig mal abgeworfen, aber ich bin ganz frisch wieder aufgestanden.

Cathrinchen. (für sich.)

Desto schlimmer; ist es nicht Schade, daß er nicht den Hals gebrochen?

Melamp.

Ja, mein allerliebstes Mäusgen, Sie sollten nicht denken wie ich bey allen meinen Jahren noch so munter bin. Ich bin zwar eben nicht alt; nein, in meinen besten Jahren bin ich noch, so etliche sechzig Jahre. O wie

wohl wollen wir zusammen leben, mein Täubgen! Dir soll
die Zeit bey mir nicht lange werden: tausend artige Histörgen
und Mährgen will ich Dir erzählen. Mit Ihrer Erlaubniß!
(er will sie küssen.)

Fräulein Christianchen.

Ach, ach (sie schreyt.) lassen Sie mich doch gehen,
oder ich will es meiner Tante sagen; die hat mir verboten
mich von keiner Mannsperson küssen zu lassen.

Melamp.

Ey, ey, das ist in allen Ehren.

Fräulein Christianchen.

Nein! sage ich Ihnen, warten Sie nur, ich will es
Ihnen schon gedenken. Es wird nichts daraus, ich lasse
mich von keiner Mannsperson küssen.

Cathrinchen. (für sich.)

Nämlich von keiner alten, Clitander hat nur das
Recht.

Fräulein Christianchen. (reißt sich los.)

Ja, ja, gleich gehe ich jetzo zu meiner Tante, um
Sie zu verklagen. (Sie lauft ab, Melamp will ihr nachlaufen
und fällt.)

Melamp. (steht langsam auf.)

Ach! ich glaube, ich habe mir eine Rippe entzwey
gefallen.

Cathrinchen.

Dem Himmel sey es gedankt.

Melamp.

Was?

Cathrinchen.

Ich sage dem Himmel sey es gedankt, daß Ihr
Fall ohne einigen Schaden abgegangen ist.

Melamp.

Ich will dir eine Hiſtorie erzehlen über die Worte: Dem Himmel ſey Dank; ha, ha, ha! du wirſt dich zu Tode lachen.

Cathrinchen.

O ſo erzehlen Sie es lieber nicht.

Melamp.

Es war einmal ein Soldat, ein Soldat, du verſtehſt mich wohl, Cathrinchen! und der Soldat hatte eine Frau, und der Soldat der eine Frau hatte muſte einmal zu Felde ziehn, und ließ aber die Frau die er hatte, zurück. Aber der Soldat der eine Frau hatte, hatte die Frau ſehr lieb.

Cathrinchen.

Und Sie haben Ihre Braut nicht ſehr lieb. Fräulein Chriſtianchen lauft von Ihnen, und iſt vermuthlich böſe auf Sie; ſtatt ihr nachzulaufen, halten Sie ſich damit auf, Mährgen zu erzehlen.

Melamp.

Das will nichts ſagen. Der Soldat aber muſte zu Felde ziehen, und da er zu Felde zog, muſte er ſeine Frau die er ſehr lieb hatte, zurück laſſen. Zu Felde ziehen mußt er. Du weiſt doch wohl, Cathrinchen! was zu Felde ziehn heißt.

Cathrinchen.

Ja, ja gehn Sie nur hinein, Ihre Braut wird dieſe Geſchichte auch gerne hören.

Melamp.

O ich will ſie ihr ſchon einmal erzählen! höre nur weiter, du wirſt lachen, ha, ha, ha! Als der Soldat nun wieder nach Hauſe kam von ſeinem Feldzuge zurücke: verſtehſt du mich, Cathrinchen?

Cathrinchen.

Ihre Braut wird aber gewiß böse werden.

Melamp.

Als nun der Soldat nach Hause kam, so fand er statt
einer Kuh, drey im Stalle stehen. Da sagte seine Frau,
das wäre der Segen vom Himmel; da sagte der Soldat: dem Himmel sey gedankt, sagt er, und hernach —

Cathrinchen.

O hören Sie nun, stille! ich habe Jemanden rufen
hören. Es wird Fräulein Christianchen seyn, ich werde
ihr etwas an ihrem Kopfputz ändern müssen; ich werde
mich Ihnen empfehlen. (sie will gehen.)

Melamp.

O warte, ich will selbst hingehen, und ihr das Kopf-
zeug zurechte machen. Ohne mich zu rühmen, ich bin ga-
lant; vor etwa dreyßig Jahren habe ich mancher Dame
den Kopf zurechte gemacht. O! ich war ein verzweifelter
Schelm in meiner Jugend, ich muß dir nur erzehlen —

Cathrinchen.

Nein, jetzo muß ich zu meinem gnädigen Fräulein.

Melamp.

Nein, bleibe nur da, ich will für dich hingehen: ich
will dir schon einandermal die Historie vom Soldaten
und seiner Frau gar erzehlen.

Cathrinchen.

O ich will Sie eben nicht bemühen, ich bin Dero
unterthänige Dienerinn.

Siebenter Auftritt.

Melamp (geht ab; Cathrinchen will ihm nachgehen,
Philipp aber hält sie zurück.)

Cathrinchen. Philipp.

Philipp.

O bleiben Sie doch zurück, meine schöne Jungfer!
Sie werden mir doch wohl die Ehre vergönnen, Sie
im Garten auf und abzuführen. Wir werden in Einem
Hause dienen, deswegen müssen wir unterdessen Bekanntschaft mit einander aufrichten. Sie werden mir doch erlauben daß ich Sie zum Tanz führe, um Bekanntschaft
mit einander zu machen. Ich bin meines Herrn Cam-
merdiener, weil ich sein einziger Bedienter bin. Ohne
mich zu rühmen, wir Bedienten auf dem Lande wissen
schon, wie man mit dem Frauenzimmer umgehen muß.
Wir sind mehr Herren als unsere Herren selbst.

Cathrinchen.

Ihnen sieht man es wenigstens wohl an, Herr Philipp,
daß Sie gute Tage haben müssen. Ihre Liberey sieht
zwar ein wenig zerlumpt aus, aber Sie haben doch da
ganz artig Weißzeug; Schade, daß die Manschetten zu
kurz sind.

Philipp.

Ich mußte heute schon, daß ich die Ehre haben sollte
mit einer so galanten Kammerjungfer in Compagnie zu
seyn; deswegen habe ich mich ein wenig heraus geputzt.
Das ist meines Herrn gewesenes Braut-Hemb, und er
will es auch bey seiner nahen Hochzeit diesmal wieder an-
ziehen.

Cathrinchen.

Und warum tragen Sie es denn, wenn ich fragen
darf?

Philipp.

Tragen Sie denn nicht auch das Weißzeug des gnä-
bigen Fräuleins? das sind unter uns vornehmen Bedienten
ganz gewöhnliche Vortheile. Aber auf etwas anders zu
kommen: da unsere Herrschaft einander heyrathet, gienge
es nicht an, daß wir es ihnen nachthäten?

Cathrinchen.

Eine einzige kleine Hinderniß könnte zwar dazu kommen: ich bin mit einem andern versprochen; aber wie darf
ich mir schmeicheln, daß ein so vornehmer Kammer-
biener — —

Philipp.

Bey meiner Seele, ich wollte, daß ich gleich auf
der Stelle so dumm als mein Herr würde, wenn es nicht
wahr ist, daß ich Sie recht von Herzen lieb habe.

Cathrinchen.

Ach, Sie vexieren mich nur.

Philipp.

Ganz gewiß nicht! das will ich mit ein paar Dußend
Mäulgen beweisen: wir wollen bald mit einander Hochzeit machen.

Cathrinchen.

O Sie wollen mich nur in April führen, Herr
Kammerdiener.

Philipp.

Nein gar nicht; viel lieber wollte ich dich in das Ge-
büsche da führen, mein Schätzgen! komm, es sieht uns
niemand.

Achter Auftritt.

Martin. Cathrinchen. Philipp.

Martin.

Herr Philipp! Herr Philipp! der Herr ruft. Geschwinde, geschwinde! es muß etwas wichtiges seyn.

Philipp. (lauft ab.)

Daß ihn der Henker hole!

Martin. (der ihm nachsieht.)

Gehe nur hin, du Tage-Dieb! und du Cathrinchen, ich hätte dich doch nimmermehr für ein so freundliches Thiergen gehalten. Wenn ich mit dir alleine etwann ein wenig schäckern will, so treibst du mich gleich fort; aber mit dem ungezogenen Kerl, den du fast nicht kennest, thust du so vertraut, als wenn ihr Bruder und Schwester wäret. Wenn ich nicht den klugen Einfall gehabt hätte, ihn in Aprillen zu schicken, wer weiß, was noch daraus geworden wäre. Nein, Cathrinchen, wenn du so verbuhlt bist, so bin ich dein Diener; aber dein Bräutigam mag ein anderer seyn.

Cathrinchen.

Ey, Herr Martin, ich glaube gar, Sie sind eifersüchtig.

Martin.

Ja spotte nur noch; nichts Herr Martin, nichts Bräutigam, alles ist aus. Du denkest mich bey der Nase herum zu führen, ja, wer dumm genug wäre.

Cathrinchen.

Also bist du wirklich böse auf mich?

Martin.

Ja.

Cathrinchen.

Alſo willſt du mich verlaſſen?

Martin.

Du kannſt deinen Philipp heyrathen.

Cathrinchen.

Du haſt mich ſonſt ſo lieb gehabt.

Martin.

Doch jetzo mag ich dich nicht mehr.

Cathrinchen.

Nu, nu, das Unglück iſt eben ſo groß nicht: Gehe hin wo du willſt, ich will den Philipp heyrathen: er iſt ohnedem ſchöner als du, es ſchickt ſich ohnedem nicht daß ich dich heyrathe. Geh mir aus den Augen.

Martin. (für ſich.)

Ich fange doch an zu glauben, daß ich es unrecht angefangen habe. Nun, Cathrinchen, ſo gar böſe habe ich es nicht gemeint. Wenn du mir verſprichſt, nicht mehr mit dem Philipp zu reden — —

Cathrinchen.

Geh nur fort, alles iſt aus mit uns.

Martin.

Alſo haſt du mich nicht mehr lieb?

Cathrinchen.

Nein.

Martin.

Bin ich doch dein Bräutigam.

Cathrinchen.

Nein, ich will meinen Philipp heyrathen.

Martin.

Ey Poſſen, komm wir wollen Friede machen. Du haſt mich doch ſonſt gerne geſehen, geſtehe es nur.

Cathrinchen.

Jetzo aber ſehe ich dich nicht mehr gerne, und mag dich nicht mehr.

Martin.

Wenn es um und um kommt, werde ich Unrecht behalten. Sey nur wieder gut, du biſt je einmal meine Braut.

Cathrinchen.

Ja, das bin ich vielleicht einmal geweſen, aber jetzo geht es durchaus nicht an.

Martin.

So? und warum geht es nicht mehr an, daß — —

Cathrinchen.

Nun, höre mich an, das will ich dir erklären; aber keinen Widerſpruch, kein Auffahren. Biſt du ſonſt nicht in Comödien geweſen?

Martin.

Nun, wie ſchickt ſich dieſe Frage hieher? ich bin freylich etliche mal darinnen geweſen, als ich bey meinen erſten Herren dienete, und in Leipzig ſtudirte. O ich habe in der Galerie mehr als einmal mit den Füſſen geſtampft, und Lermen gemacht.

Cathrinchen.

Nun, wenn du Comödien geſehen haſt, ſo wirſt du wohl geſehen haben, daß wenn der Held des Spiels ſein Fräulein heyrathet, der Bediente das Kammermädgen faſt allezeit heyrathet.

Martin.

Was geht das mich an? es mag ſchon ſo ſeyn.

Cathrinchen.

Es geht dich nur gar zu viel an; mache du nur einmal ſelbſt den Schluß: da Melamp mein Fräulein heyrathet, muß ich nach allen Regeln ſeinen Bedienten den Philipp nehmen.

Martin.

Ein ſchöner Schluß! die Regeln mögen gehn und ſich hängen laſſen, wir ſpielen ja keine Comödie.

Cathrinchen.

Ja, ſage was du willſt, ich werde deinetwegen die Regeln nicht über den Haufen ſtoßen: ſobald Melamp mein Fräulein heyrathet, heyrathe ich den Philipp.

Martin.

Daß der Henker den Herrn mit ſamt dem Knecht hole! Alſo Cathrinchen — —

Cathrinchen.

Ja, es thut mir leid, daß ich dich verlaſſen ſoll: vielleicht verheyrathe ich mich heute Abend noch. Ich habe dich lieb gehabt, und du daureſt mich; aber die Regel — —

Martin.

Cathrinchen, ſo iſt kein Mittel da?

Cathrinchen.

Ein einziges ſehe ich: wir müſſen die Heyrath des alten Melamp mit meiner Fräulein verhindern.

Martin.

O warum haſt du das nicht gleich geſagt? ich will

ſie verhindern, und wenn ich auch dem Alten Mäuſepul-
ver eingeben ſollte.

Cathrinchen.

Nun, das haſt du eben noch nicht nöthig; aber wenn
du verſchwiegen ſeyn, und mir in einigen kleinen Betrüge-
reyen helfen willſt — —

Martin.

O! und wenn ſie noch ſo groß wären: dir zu lieb
will ich eine ganze Stadt betrügen.

Cathrinchen.

Nun, ſo will ich dir das Geheimniß meines Fräuleins
entdecken: ſie liebt einen jungen Herrn der Clitander heißt.

Martin.

Wie? Fräulein Chriſtel! ey, du ſpaſſeſt?

Cathrinchen.

Ja freylich; wer denn ſonſt?

Martin.

Sie verliebt? o dazu iſt ſie viel zu einfältig!

Cathrinchen.

Glaube du nur diß, mein lieber Martin: zur Liebe
hat ein Frauenzimmer allemal Verſtand genug, wenn es
auch ſonſt noch ſo wenig hätte. Dieſer Clitander iſt nun
hier in der Nähe.

Martin.

Hier kommt das Fräulein ſelbſt, das hätte ich ihr
nicht angeſehen.

Neunter Auftritt.
Fräulein Chriſtianchen.   Cathrinchen.
Martin.

Fräulein Chriſtianchen.

Endlich habe ich eine Gelegenheit erſehen, davon zu

laufen, weil Melamp meiner Tante Mährgen erzehlt, über die ſie ſich halb krank lacht, und die mir ſo verdrüßlich ſind — — (ſie ſieht den Martin.) weil ſie mich abhalten, allein mit meinem Bräutigam zu ſprechen. Martin! gehe doch hinauf und ſage dem Herrn von Melamp, er werde mich in der Weinlaube finden.

Martin.

Nun, der Einfall iſt ſchlau! wie geſchickt hat Sie nicht die Rede zu verändern gewußt! Nein, erſchrecken Sie nicht, ich weiß alles, und Ihnen zu gefallen ließ ich mich in Stücken hauen. Ich war ſchon lang mit Ihrer Heyrath nicht zufrieden, und wenn es nur auf das Aprillſchicken ankommt, ſo ſoll der alte Melamp ſchon angeführt werden.

Fräulein Chriſtianchen.

Cathrinchen, was haſt du geſagt?

Cathrinchen.

O nichts, verlaſſen Sie ſich auf mich! Martin iſt auf unſerer Seite, er iſt mir gut, ich bin ihm gut; und wenn Herr von Clitander Sie entführt, ſo habe ich große Luſt, Sie zu begleiten. Es iſt um Entführungen eine artige Sache.

Martin. (bey Seite.)

So, entführen gar? Sie iſt doch ſo einfältig nicht als ich dachte. Cathrinchen hat Recht, ein verliebtes Mädgen hat mehr Verſtand als zehen Mannsperſonen.

Fräulein Chriſtianchen.

Wenn du mir hilfſt, mein lieber Martin, ſo ſoll es Clitander gewiß nicht unbelohnt laſſen. Thue mir nur den Gefallen und paſſe auf, es uns zu ſagen, wenn etwa Melamp kommen ſollte uns zu ſtören. Und du Cathrin-

E 5

chen, rufe dem armen Clitander, er wird sich nicht weit entfernt haben.

Cathrinchen.

Gleich. (sie geht hinaus.)

Martin.

Verlassen Sie sich nur auf mich! wenn der alte Mährchen-Erzehler kommt, so will ich ihn schon nach der Sommerlaube schicken, wovon Sie sagten; da hat er eine gute Viertelstunde zu laufen.

Fräulein Christianchen.

Ich bin dir recht sehr verbunden, mein lieber Martin. Wenn ich meinen Clitander heyrathe — — doch hier ist er schon.

Zehnter Auftritt.

Clitander. Fräulein Christianchen. Martin. Cathrinchen.

Clitander.

Ich bin immer vor der Garten-Thüre stehen geblieben, und ich habe den Melamp zuvor gesehen. Was für eine entsetzliche Gestalt! Sie, Christianchen! Sie sollen so einem Ungeheuer zu Theil werden? Nun, Sie haben versprochen mir zu folgen.

Fräulein Christianchen.

Liebster Clitander, schliessen Sie aus dem allem, was ich für Sie thue, von der Stärke meiner Liebe!

Martin.

Ach, ach, das Ungeheuer, wovon Sie reden, ist da; geschwinde!

Fräulein Chriſtianchen.

Melamp? o Himmel ja, er hat uns geſehn.

Cathrinchen.

Geſchwinde verſteckt!

Martin.

Das iſt umſonſt, hier iſt er ſchon.

Fräulein Chriſtianchen.

Was machen wir? — — geſchwinde, Clitander, geben
Sie mir die beyden Hände, ſingen Sie. (ſie nimmt Clitandern bey beyden Händen.)

Clitander.

Welch Unglück!

Fräulein Chriſtianchen.

La, la, la, la, ſo ſingen Sie doch.

Eilfter Auftritt.

Herr von Melamp. Die Vorigen.

Melamp.

Ich bin außer Athem — — o ho, Fräulein Chriſtianchen! was machen Sie da? was?

Fräulein Chriſtianchen.

O weh! Sie haben uns belauſcht — — ich dachte
doch, Sie und meine Tante ſollten nichts davon wiſſen.

Melamp.

Wie? von was?

Fräulein Chriſtianchen.

Herr Entrechat hat die Gütigkeit gehabt, allzeit in den
Garten zu mir zu kommen. Ich ſchäme mich recht, daß

ich bey unserer Hochzeit noch keinen Menuet recht tanzen kann; meine Tante soll nichts davon wissen, und ich habe mich hier ein wenig üben wollen. Sie nehmen es mir doch nicht übel? (zu Clitandern.) Fahren Sie nur fort, Herr Entrechat, in Ihrem Unterricht.

Melamp.

Ha, ha, so ist der Herr ein Tanzmeister?

Clitander.

Zu Ihren Diensten, gnädiger Herr! ohne mich zu rühmen, das gnädige Fräulein soll bald vortreflich tanzen. Ich habe noch keine Schülerinn gehabt, die mir nicht hätte Ehre gemacht. Ich habe sonst die Ehre gehabt, einen Herrn Bruder von Ihnen in Information zu haben. Er hatte recht viel Geschick zum Tanzen, einen schönen Fuß, ungefähr wie der Ihrige, gnädiger Herr.

Melamp.

Ich habe in meinem Leben keinen Bruder gehabt.

Clitander.

Nun, so war es ein Anverwandter.

Melamp.

Ja, ja, in meiner Jugend habe ich auch, troß einem Cavalier in der ganzen Gegend, getanzt. (zu Christianchen.) Der Mensch ist wohl gekleidet zu einem Tanzmeister.

Fräulein Christianchen.

Ja, es ist auch der vornehmste Meister in der ganzen Gegend.

Cathrinchen. (zu Martin.)

Nun, was denkst du von dieser Einfalt? muß man nicht lachen?

Martin. (zu Cathrinchen.)

Ich denke, daß das allerunschuldigste Mädchen klug genug ist, den Teufel selbst für eine Narren zu halten.

Melamp.

Aber warum ſoll denn die Tante nichts davon wiſſen?

Fräulein Chriſtianchen.

Ja, Sie wollte mich nicht tanzen lernen laſſen; aber
ich dachte, es wäre mir doch eine Schande, wenn ich
auf meiner Hochzeit keinen Menuet tanzen könnte: und der
Herr hat die Gütigkeit gehabt alle Woche einmal zu mir
zu kommen.

Melamp.

Nun, fahren Sie fort, ich will Sie nicht ſtören.
Geben Sie Lecktion, mein lieber Herr Tanzmeiſter, ich bin
ein großer Liebhaber vom Tanzen geweſen. Ich muß
Ihnen ein Mährgen von einem Tanzmeiſter erzehlen. —

Cathrinchen.

O, der Herr Entrechat hat jetzo nicht Zeit, Mährgen
zu hören: ſeine Stunden ſind ihm koſtbar.

Clitander.

Weil Sie es ſo befehlen! mit Erlaubniß, gnädiges
Fräulein! den Hals ein wenig gerade gehalten! — die Knie
ein wenig beſſer auswärts und die Füſſe auch! — So wird
es bald recht ſeyn, nur die Knie beſſer auswärts. La,
la, la, la — —

Melamp. (zu Cathrinchen.)

Der Menſch nimmt ſich Freyheit. Sie wird doch
nicht allein Lecktion genommen haben?

Cathrinchen.

O nein, ich war allemal zugegen! dergleichen Sachen
haben keine Folgen; das thun alle Tanzmeiſter. Ich
kenne manchen jungen Herrn der deswegen gern Tanzmeiſter ſeyn möchte.

Melamp.

Wo hat er dann ſeine Stock-Viole?

Cathrinchen.

Bisher hat sich das gnädige Fräulein blos mit Singen behelfen müssen: die Stock-Viole hätte man zu weit gehört.

Elitander (der unterdessen einige Pas mit Fräulein Christianchen gemacht hat.)

Vortreflich, gnädiges Fräulein, Sie werden bald im Stande seyn, alle Contretänze mitzutanzen.

Melamp.

Ich hätte fast selbst Lust, eins mitzutanzen; und wenn ich nicht zu alt wäre — —

Elitander.

O das schadet nichts, Sie haben eine vortrefliche Disposition zum Tanzen: man sieht es an Ihrem Gange, daß Sie müssen einen guten Meister gehabt haben. Wenn Sie belieben, kann ich Ihnen gleich die erste Unterweisung geben.

Fräulein Christianchen.

O ja, thun Sie es doch, hernach wollen wir mit einander tanzen.

Melamp.

Ja nun, weil Du es haben willst, mein zukünftiges Weibgen! ha, ha, ha. Aber du mußt nicht mehr davon laufen, wie zuvor.

Elitander.

Mit Ihrer Erlaubniß also, daß ich anfange. Erstlich müssen Sie den Kopf da besser zurücke thun; die Füsse auswärts! (stößt ihn vor den Kopf und tritt ihm auf die Fässe.)

Melamp. (schreyt.)

Au, au! mein Hünerauge! was zum Geyer!

Elitander.

Es wird schon gehn! der Anfang ist nur ein bisgen schwer. Die Knie besser auswärts!

Melamp.

Au!

Clitander.

Nun, gnädiger Herr, machen Sie einen Pas vorwärts! la, la, la, la. Die Füſſe auswärts! — zurücke! — auf die Seite! — geſchwind umgedreht!

Melamp. (fällt.)

Au! ich bin lahm.

Clitander.

O Sie haben ein vortreflich Geſchicke zum Tanzen: Sie werden bald der beſte Tänzer in der Gegend werden.

Martin.

Ich habe noch keinen Bären ſo ſchön tanzen ſehen, keinen Seiltänzer wollte ich ſagen.

Melamp. (der aufſteht.)

Ey, das Tanzen mag meinetwegen zum Henker gehen, und der Meiſter — —

Cathrinchen.

O! hier iſt Herr Ariſt, Ihr Oncle, gnädiges Fräulein!

Fräulein Chriſtianchen.

Was bringt ihn hieher?

Melamp.

Er hätte wohl wegbleiben können.

Clitander. (zu Chriſtianchen.)

Au weh! nun ſind wir verrathen, er kennt mich.

Martin.

Ich bin begierig zu ſehen, wie alles diß noch gehen wird.

Zwölfter Auftritt.

Ariſt. Melamp. Clitander. Fräulein Chriſtianchen. Martin. Cathrinchen.

Ariſt.

Ich finde wider mein Vermuthen ſo angenehme Geſellſchaft hier! ich habe meine Schweſter im Hauſe nicht finden können. — Sie ſind ja recht gewachſen, ſeitdem ich Sie nicht geſehen habe, Fräulein Chriſtianchen! Wie kommen denn Sie hieher, mein lieber Clitander!

Melamp.

Clitander?

Cathrinchen.

Ja, er heißt Clitander von Entrechat. O es iſt gar ein vornehmer Tanzmeiſter.

Ariſt. (zu Chriſtianchen.)

Wer iſt denn der Herr hier? (weist auf Melamp.)

Fräulein Chriſtianchen.

Es iſt Herr von Melamp, ein guter Freund von meiner Tante; und das hier (weiſt auf Clitandern.) iſt mein Tanzmeiſter, Herr Entrechat.

Ariſt.

Clitander iſt ein Tanzmeiſter, und heißt Herr Entrechat? was iſt das für ein Einfall?

Cathrinchen. (bey Seite.)

Ach, wir ſind verloren!

Martin. (zieht Ariſt beym Rocke.)

Gnädiger Herr!

Ariſt.

Was giebt es? guten Tag Martin! biſt du da? was willſt du?

Melamp. (zu Clitandern.)

Kennen Sie den Herrn schon?

Clitander.

O ja! er hat sonst auch von mir Lecktion genommen.

Ariſt.

Was sagen Sie da? haben Sie es unter einander abgeredt? Herr von Clitander! wie?

Martin. (schreyt auf einmal, und die andern nach einander.)

Feuer, Feuer!

Melamp.

Wo? wo?

Martin.

Sehen Sie nicht hier, wie eine Flamme und ein starker Rauch aufsteigt? sehen Sie hier, hier gerade wo ich mit dem Finger hinweise.

Melamp.

Ach, ach, es wird doch keins von meinen Landgütern seyn! ich sehe doch gleichwohl nichts.

Ariſt.

Und ich auch nichts. Martin hat Erscheinungen.

Martin.

Ja, ja, sehen Sie doch nur. Ach, wie das Feuer in die Höhe steigt! sehen Sie nur!

Cathrinchen. (dem Martin winkend.)

Ach, gerade sehe ich es jetzo auch! ach, was das für eine Feuersbrunſt iſt!

Fräulein Chriſtianchen.

Ich sehe es auch: sehen Sie Herr von Melamp, dorten, ich will mit dem Finger hindeuten.

F

Elitander.

Man muß blind ſeyn, es nicht zu ſehen: gerade hier.

Melamp.

Wo denn?

Ariſt.

Entweder ich muß blind ſeyn, oder —— —

Martin.

Kommen Sie nur hieher ein wenig auf die Seite, ſehen Sie da? — (leiſe.) Hören Sie doch nur, ich muß Ihnen etwas wichtiges ſagen: alles iſt erdacht. (Martin zieht den Ariſt auf die Seite, und redet leiſe mit ihm fort, dieweil die andern den Melamp mit dem Feuer in die Höhe weiſen.)

Melamp.

Und wenn ich mir die Augen ausſähe, ich könnte kein Feuer und keinen Rauch ſehen.

Cathrinchen.

Ach, Sie haben gar ein kurzes Geſicht, ohngeachtet Sie ſich mit Leſen nicht verdorben haben: ſehen Sie nur gerade hier hin.

Fräulein Chriſtianchen.

Wo Cathrinchen ſagt: ſehen Sie nur wie es auf einmal Flammen in die Höhe wirft; ach, die armen Leute!

Elitander.

Gehen Sie nur hin, dort an der Ecke.

Melamp. (zieht eine Brille heraus, und ſetzt ſie auf.)

Ich ſehe nichts, und wenn ich auch durch zehen Brillen ſähe.

Cathrinchen.

Ach, die Gläſer ſind nicht ſauber genug dazu ausgeputzt.

Clitander.

Ja, ja, Ihre Brille iſt zu ſchwach.

Melamp.

Es liegt eines von meinen Landgütern in dieſer Gegend, wenn es nur nicht diß iſt. (zum Ariſt.) Sehen Sie es auch?

Ariſt.

Ja, ich ſehe eine große Dunkelheit.

Melamp.

Und ich ſehe noch nicht das geringſte: was es doch nicht um das Alter für eine verdrüßliche Sache iſt!

Fräulein Chriſtianchen.

Dort auſſen vor dem Garten muß man es erſt recht deutlich ſehen können.

Melamp.

O ſo muß ich doch geſchwind hinaus laufen. Ach, ich will Ihnen eine hübſche Hiſtorie von einer Feuersbrunſt erzählen: aber ich muß nur ſehen, wem das Haus eigentlich gehören mag. Wenn es doch meines Nachbars Haus wäre, ich wollte mich krank lachen.

Fräulein Chriſtianchen.

O gehen Sie, und ſehen ja recht nach, ob es keines von Ihren Gütern iſt: vielleicht iſt Ihre Gegenwart dabey nöthig.

Melamp.

Gleich bin ich wieder da, ſo bald ich es recht werde erfahren haben. (geht ab.)

F 4

Dreyzehnter Auftritt.

Arist. Fräulein Christianchen Clitander.
Martin. Cathrinchen.

Arist.

Ich bin recht sehr auf die Entwickelung aller dieser Geheimnisse begierig. Sie lassen sich zwar vielleicht ohne Hexerey einsehen; nur weiß ich nicht wie Clitander zum Tanzmeister geworden ist, und was Melamp hier zu thun hat.

Fräulein Christianchen.

Gnädiger Herr Oncle! erlauben Sie, daß ich Sie kniend um Vergebung bitte. (sie kniet vor ihm.)

Clitander.

Sie haben mich sonst Ihrer Freundschaft gewürdiget: darf ich Sie auch um Vergebung bitten? (er kniet.)

Cathrinchen.

O! und ich auch bitte um Vergebung: seyn Sie so barmherzig! (sie kniet.)

Martin.

Ich gehöre auch dazu. (er kniet.)

Arist.

Nun, was spielen wir denn für eine Comödie? haben Sie mich denn alle mit einander zum besten? Erzehlen Sie mir doch die ganze Sache, Christianchen! (er hebt alle auf.)

Fräulein Christianchen.

O Sie möchten böse werden, ich habe das Herz nicht

Martin.

Ich will es Ihnen gleich erzehlen, es geht alles ganz natürlich zu. Der Herr Clitander sieht das gnädige

Fräulein gerne, das iſt ſehr natürlich; ſie ſieht ihn auch gern, das iſt wieder natürlich. Meine gnädige Frau, die Frau von Orgon aber will haben, ſie ſoll den alten Melamp heyrathen: das wäre, ſehr unnatürlich.

Ariſt.

Chriſtianchen den Melamp? ich glaube meine Schweſter ſchwärmt im Ernſte.

Martin.

Daß Fräulein Chriſtianchen den Melamp nicht will, das iſt wieder natürlich. Sie beſprechen ſich unter einander, Melamp kam dazu, und das gnädige Fräulein hat den Clitander zum Tanzmeiſter gemacht.

Ariſt.

Nun verſtehe ich erſt, was du mir in das Ohr ſagteſt. Nun Chriſtianchen! ſagen Sie mir nur, was meiner Schweſter ankommt.

Fräulein Chriſtianchen.

Ich habe nicht Gelegenheit finden können Sie um Rath zu fragen: meine gnädige Frau Tante will haben, daß ich den Melamp heyrathen ſoll.

Ariſt.

Und Sie finden Clitandern beſſer nach Ihrem Geſchmack? Sie haben Recht, ich kenne ihn, er iſt mein Freund, und verlaſſen Sie ſich alle beyde auf mich: ich nehme Sie unter meinen Schutz, meine Schweſter mag ſagen was ſie will. Aber warum ſoll denn Chriſtianchen ohne mein Vorwiſſen verheyrathet werden, und noch dazu an den närriſchen Melamp? und was für eine Gewalt maſſet ſich meine Schweſter an?

Cathrinchen.

Ja, die gnädige Frau ſagte ſo: mein Bruder wird

mit der Henrath nicht zufrieden seyn; wenn es geschehen ist, mag er sagen was er will; und Fräulein Christianchen ist zu einfältig, mir zu widersprechen.

Arist.

Ey Possen! meine Schwester hat keine Gewalt über sie: und wenn sie ihr den Melamp giebt, so gebe ich ihr Clitandern.

Martin.

Da hätte sie gar ihrer Zweene! und das wäre eben so schlimm nicht.

Fräulein Christianchen.

Also schützen Sie unsere Liebe? wie soll ich Ihnen danken!

Clitander.

Verehrungswürdiger Freund! wie soll ich mich ausdrücken — —

Arist.

Stille, keine Danksagungen! meine Schwester kommt; ich will sehen, ob ich sie durch Zureden zur Vernunft bringen kann. Erwarten Sie mich alle beyde vor der Garten-Thüre. Martin! bestelle einen Priester, und rufe die Bauren zusammen, uns bey der Hochzeit mit Tanzen zu belustigen. Will meine Schwester nicht in gutem, so müssen wir auf eine List sinnen.

Cathrinchen.

Ich habe schon eine ausgesonnen.

Martin. (im Weggehen.)
Das ist ein ehrlicher Mann!

Vierzehnter Auftritt.

Frau von Orgon. Ariſt. Cathrinchen.

Frau von Orgon. (lacht, da ſie hinein kommt.)

Wo iſt mein Chriſtianchen? der Aprill war artig, ha, ha, ha! (ſie ſieht den Ariſt.) Was, Herr Bruder? Sie ſind hier? warum kommen Sie hieher?

Ariſt.

Ihnen aufzuwarten: es iſt mir ohnerachtet dieſer Frage lieb, daß ich Sie lachend antreffe; was iſt denn die Urſache dieſer Munterkeit?

Frau von Orgon.

Ich habe recht gelacht. Ich habe mein Kammer⸗ mädchen hingeſchickt, um mir in der Stadt beym Tiſcher ein paar Schuh zu beſtellen.

Ariſt.

Und darüber lachen Sie? und warum haben Sie ſie hingeſchickt?

Frau von Orgon.

Darum, weil heute der erſte Aprill iſt: wiſſen ſie das noch nicht, Herr Bruder? wie hätte ich Sie in Aprill ſchicken wollen!

Ariſt.

Nun, wahrhaftig das weiß ich nicht. Es iſt mir auch noch nie eingefallen, jemanden, und noch dazu einen Be⸗ dienten, in Aprill zu ſchicken.

Frau von Orgon.

Ja, ich weiß es wohl, daß es Ihre Art iſt, alle alte löbliche Gebräuche zu verachten. In meines Vaters Hauſe, wie ich noch jung war — wie ich noch ein Kind

F 4

mar, wollte ich sagen: denn ich bin jetzo Gott lob auch eben nicht alt. In meines Vaters Hause, da haben wir uns manchmal in Aprill geschickt; aber Sie haben allezeit nach Ihrem Kopf gelebt, und sich nach niemand gerichtet.

Arist.

Wahrhaftig, es ist ein löblicher alter Gebrauch, einander in Aprill zu schicken! Ich möchte wissen, was die Fremden dächten, wenn sie von einem so seltsamen Einfall höreten, wie in Teutschland das Aprillschicken ist? Aber das mag seyn: jetzo habe ich was wichtigers mit Ihnen zu reden.

Frau von Orgon.

Ja, das weiß ich wohl, daß Sie allemal klüger seyn wollen, als die ganze Welt, und unsere Vorältern.

Arist.

Von der Klugheit unserer Vorältern ist die Rede nicht. Aber ich möchte wissen was das für ein Einfall seyn soll, Christianchen ohne meine Einwilligung zu verheyrathen?

Frau von Orgon.

So wissen Sie es schon? es ist mir lieb; so erspare ich mir die Mühe, es Ihnen zu sagen. Mit Fleiß habe ich es gethan, mit Fleiß habe ich Ihnen nichts davon gesagt: denn ich wußte wohl, daß Sie doch nach Ihrer hohen Weisheit etwas einzuwenden haben würden.

Arist.

Dem Melamp, einem Narren, Christianchen zu geben?

Frau von Orgon.

Das habe ich mir eingebildet. Wenn jemand hübsch vernünftig, hübsch gesetzt ist, und nicht so zu schwatzen weiß, wie die Stutzer in der Stadt: da heissen Ihn die Herren in der reichen Weste gleich einen Narren.

Arist.

Ich tadle an dem Melamp nicht die Kleidung, so wunderlich sie ist; aber er ist ja fast vor Alter kindisch, er hat ja keinen Verstand.

Frau von Orgon.

Aber er hat zwey und dreyßig wohl erwiesene Ahnen.

Arist.

Jedermann lacht ihn aus.

Frau von Orgon.

Jedermann ist nicht klug.

Arist.

Er ist viermal so alt als Christianchen.

Frau von Orgon.

Drum ist er auch viermal klüger.

Arist.

Das dächte ich, wäre keine Folge. Er war in seinem ganzen Leben unwissend.

Frau von Orgon.

Zu seiner Zeit war er doch einer der artigsten jungen Herren bey Hofe.

Arist.

Sein Herz ist so schlecht als sein Witz.

Frau von Orgon.

Aber sein Landgut trägt jährlich eine starke Summe ein.

Arist.

Also verlangen Sie, daß Christianchen Ihnen folgen soll? Sie wollen gar keinen Widerspruch hören?

F 5

Frau von Orgon.

Nein! denn das habe ich bey mir ausgemacht; und
was ich bey mir ausgemacht habe, wider das hilft
nichts. Und wenn Sie Christianchen aufgehetzt haben,
wenn sie widerspricht, so enterbe ich sie. Genug, ich hatte
vor Zeiten, als ich noch bey Hofe war, einen Liebhaber der
war ein Anverwandter des Herrn von Melamp: ich hätte
ihn geheyrathet, wenn es meine Eltern zugelassen hätten.
Ach, damals waren noch ganz andere Leute bey Hofe als
jetzo! Da war unter anderm ein gewisser Johann Amadäus von Melamp, der mit dem jetzigen Herrn von Melamp Geschwisterkind war, das war der galanteste junge
Mensch zu meiner Zeit. Derselbe Johann Amadäus von
Melamp heyrathete ein Fräulein von Philar, hernach
blieb er im Ungarischen Kriege. Gott tröste ihn!

Arist.

Ey, was habe ich mit allen den Leuten zu thun? ich
werde nimmermehr einwilligen — —

Frau von Orgon.

Nun, so willigen Sie nicht ein! wer verlangt es
denn von Ihnen? Genug daß Christianchen will; und ich
wollte es ihr auch nicht rathen, wenn sie nicht wollte.
Alle Ihre Redekunst ist bey mir vergebens.

Arist.

Gut, ich habe die Ehre mich Ihnen zu empfehlen.
(zu Cathrinchen.) Nun muß sie durch einen Betrug für ihre
Hartnäckigkeit bestraft werden. (geht ab.)

Fünfzehnter Auftritt.
Frau von Orgon. Cathrinchen.
Frau von Orgon.

Ja, das fehlt mir noch, daß ich mich von meinem

jüngern Bruder hofmeiſtern lieſſe! er will doch bey allem
flügeln. Herr von Melamp iſt ein artiger, luſtiger Mann;
ihm höre ich gar zu gerne zu, wenn er Hiſtörchen erzehlt.
Er iſt hübſch geſetzt, nicht wie die Stutzer; er geht nicht
auf dem Pflaſter als wie ein Tanzmeiſter daher: die Weſte
vornen offen, die Naſe mit Schnupftoback beſchmieret;
er iſt ein Feind von allen Eitelkeiten, als Spielen,
Comödien, Tanzen.

Cathrinchen.

Nun, dem Tanzen dächt ich wäre er doch ſo feind
nicht.

Frau von Orgon.

Was? dem Tanzen? das iſt gerade die gröſte Narrheit. Wenn ſich jemand die Ohren dabey zuhält, ſo weiß
man nicht, ſind die Leute mondſüchtig oder klug.

Cathrinchen.

Ja, das habe ich auch einmal in einem alten Buche
geleſen.

Frau von Orgon.

Da kommt er ſelbſt, du kannſt immer hinein gehen.

Cathrinchen.

Von Herzen gern; er wird wieder Mährgen erzehlen.
(geht ab.)

Sechszehnter Auftritt.

Melamp. Frau von Orgon, Philipp.

Melamp. (zum Philipp.)

Alſo weiſt du gewiß, daß es nirgend brennt? ich dachte meine Brille wäre nicht recht geputzt.

Philipp.

O wer weiß es, warum man Sie in Aprill geſchickt hat! auch mir iſt es ſo gegangen: wie ich gelaufen kam, und Sie auf mich böſe wurden, hatte man mir geſagt, Sie hätten mir gerufen. Es muß böſe Leute hier im Hauſe geben.

Melamp.

Da ſind Sie ja, gnädige Frau! Sie ſind ja gepußt als wenn Sie ſelbſt eine Braut wären; Sie blühen noch wie eine Roſe, Sie ſehen noch recht jung aus!

Frau von Orgon.

O, Sie ſchmeicheln mir nur: ich wie eine Braut? Sie ſind doch gar zu verbindlich, Herr von Melamp! — Doch wiſſen Sie ſchon, daß mein Bruder hier iſt?

Melamp.

O ja, ich habe ihn beym Tanzmeiſter geſehen.

Frau von Orgon.

Beym Tanzmeiſter? wo? wo iſt ein Tanzmeiſter?

Melamp.

Gerade hier im Garten war er.

Frau von Orgon.

In meinem Garten? da muß eine Spißbüberey dar-hinter ſtecken.

Melamp.

Ja, ich glaube es faſt, ſie haben mich in Aprill ge-ſchickt. Da kommt eben der Kerl, der zuerſt ſagte, es brennte.

Siebenzehnter Auftritt.

**Melamp. Frau von Orgon. Philipp.
Martin.** (er kommt hinein, erſchrickt
aber, wie er die andern ſieht, und
will fortlaufen.)

Frau von Orgon.

Martin! Martin! hörſt du! wo lauffſt du hin? und
was habt ihr für Spißbübereyen mit einem Tanzmeiſter
gehabt?

Martin.

O nichts! das gnädige Fräulein wollte tanzen lernen.
Ich muß hinein in das Haus, man wartet auf mich.
(er will weglaufen.)

Frau von Orgon.

Bleib da, ſag ich! — er hat ein böſes Gewiſſen: was
wirds doch ſeyn? Bleib da und antworte, oder du ſollſt
keinen Augenblick länger im Dienſte bey mir bleiben.

Martin. (zittert.)

Gnädige Frau — ich, ich — nun ſo — ich weiß von
nichts.

Melamp.

Und was war das für ein Brand? He! warſt du nicht
dabey, wie mir der Tanzmeiſter Lektion gab? he?

Philipp.

Und warum haſt du mich von Cathrinchen verjagt?
he?

Frau von Orgon.

Antworte, antworte!

Martin.

Gnädige Frau! ich kann mich wahrhaftig nicht länger aufhalten: ich muß Waſſer holen, meine Pflanzen zu begieſſen.

Frau von Orgon.

Bleib da!

Martin.

Sie vertrocknen ſonſt. (er will fortlaufen.)

Frau von Orgon.

Halt, halt den Dieb! (Melamp und Philipp halten den Martin auf, und er läßt einen Brief fallen.) Ha, ha, einen Brief? nun wird es heraus kommen.

Martin.

Ach, ich ſehe es iſt alles verrathen. (er kniet nieder.) Gnade, Gnade! ich will es nicht mehr thun.

Frau von Orgon.

Hängen ſollſt du! (Sie macht den Brief auf.) ich zittre ganz vor Zorn und Begierde.

Melamp.

So ſchlau der Kerl iſt, ſo haben wir ihn doch überliſtet. Das hat mir viele Mühe gekoſtet. Ich will Ihnen ein Mährgen erzehlen, das von einem gleichen Zufall handelt. Es war einmal — —

Frau von Orgon.

O, hören Sie erſt den Brief! (ſie lieſt) Liebſtes Chriſtianchen!

Melamp.

Was? wer iſt der, der ſich mit meiner Braut ſo gemein macht, und nicht Reichs = Frey = Hochwohlaebohrnes Frey=Fräulein dazu ſetzt? was muß das für ein unhöflicher Menſch ſeyn? liebſtes Chriſtianchen ſchlechtweg.

Martin.

Ach, gnädiger Herr! das ist der Tanzmeister. Ich will gerne alles beichten, verzeihen Sie mir nur.

Melamp.

Der Tanzmeister? so? ich sehe es hat alles zusammen geholfen.

Frau von Orgon.

Ich berste vor Aergerniß! ein Tanzmeister! meine Nichte! hören Sie nur weiter, wenn ich vor Zorn lesen kann: (sie liest.) Ich habe Ihren Herrn Oncle so lange gebeten, bis er in unsern Vorschlag gewilligt hat — — So? ich dachte wohl, daß mein Bruder mit im Spiele wäre. — — Um halb 6 Uhr Abends kommen Sie nur in den Gang, der bey der Garten-Thüre ist; dort will ich ganz allein hinkommen. Wir können uns davon schleichen, und auf diese Art Ihre eigensinnige — — Wie? Was? — Ihre eigensinnige Tante, und den närrischen Melamp — —

Melamp.

Ich närrisch? wo ist der Kerl! (zu Martin.) Sage geschwind, wo ist er? wie heißt er? Ich will ihn bey den Gerichten verklagen.

Frau von Orgon.

Ja, sehen Sie nur: (sie liest.) den närrischen Melamp am besten betrügen. Kommen Sie nur, kommen Sie nur! Clitander. — — Clitander! Den Namen sollte ich kennen, das ist kein Tanzmeister.

Martin.

Ach nein! es ist ein junger Herr, das gnädige Fräulein aber hat ihn zum Tanzmeister gemacht. Jagen Sie mich nur nicht aus Ihren Diensten; verzeihen Sie mir, gnädige Frau! ich will gerne alles, was ich weiß, und noch mehr dazu beichten.

Frau von Orgon.

Nun, wenn du uns den Stutzer recht beſchimpfen hilfſt, ſo ſoll dir alles vergeben ſeyn. Wo iſt Chriſtianchen?

Martin.

Herr Clitander hatte mir geſagt, ich würde ſie entweder hier, oder in der Sommerlaube in dem andern Garten antreffen; deswegen kam ich hieher um ſie zu ſuchen.

Frau von Orgon.

Ich muß hinein laufen, mit ihr zu ſchmählen, ihr zu predigen; ihr zu lehren was das heißt, ſo einer gütigen Tante, wie ich bin, nicht zu folgen. Wenn ich nur ihren Stutzer auch ſo herunter machen könnte, wie ich ſie herunter machen will.

Martin.

Das geht wohl an, er wird um halb 6 Uhr alleine hieher kommen; und ich glaube er wird nicht lange mehr auſſenbleiben.

Melamp.

Ganz allein wird er kommen? Gienge es nicht an, daß ich ein halb Dutzend Baurenknechte zuſammen rufen ließ, um ihm aufzupaſſen? er ſollte an mich denken! in meiner ganzen Familie hat es noch niemand verzagtes gegeben. Ich muß Ihnen erzehlen, was einer von meinen Anverwandten für Thaten in dem letzten Türkenkriege gethan hat; Sie werden ſich verwundern. — —

Frau von Orgon.

Baurenknechte zuſammen rufen gienge wohl nicht an; wenn er hier in der Nähe iſt, ſo möchte er es hören, und ausbleiben. Sie haben ja Ihren Philipp hier, es ſcheint ein ganz wackerer handveſter Menſch zu ſeyn. Wenn Sie ſich bewaffnen wollen, und alle beyde hier aufpaſſen, ſo könnten Sie ihn wenigſtens recht ſehr erſchrecken. Die jungen Stutzer ſind nur bey dem Frauenzimmer herzhaft.

Martin.

Wahrhaftig, die gnädige Frau redet aus der Erfahrung : das iſt der allerbeſte Anſchlag.

Melamp.

Ja, aber er möchte nicht allein kommen; und wenn er jemand mitbrächte — —

Martin.

Fürchten Sie nichts, er wird gewiß allein kommen. Es iſt jeßo ſchon bald halb ſechs Uhr.   Wenn Sie jeßo ſich bewaffnen wollen.

Melamp.

Ja, ich habe kein Gewehr.

Frau von Orgon.

Sie werden drinnen im Hauſe welches finden; machen Sie nur fort! Es iſt Schade, daß ich nicht eine Mannsperſon bin, ich wollte ihn nach Hauſe ſchicken.   Wenn Sie nicht mit ihm zurechte kommen können, ſo rufen Sie nur, ſo will ich ſelber kommen, und ihm die Augen auskraßen.

Melamp.

Alſo wollen Sie mir gewiß mit Ihrem Geſinde zu Hülfe kommen ?

Frau von Orgon.

Ganz gewiß. Gehn Sie nur, ich will unterdeſſen hier auf Sie warten, bis Sie bewaffnet ſind.

Melamp.

Ich will Ihnen eine Hiſtorie erzehlen.

Martin.

O bis die aus wäre, wäre Clitander hier; und wenn er Sie unbewaffnet anträfe.

G —————

Melamp (erschrickt, und sieht sich um.)

Er ist doch nicht etwa schon da?

Martin.

Fürchten Sie nichts, er ist noch nicht da.

Melamp.

Was? ich etwas fürchten? ein Mann, dessen Ahnen in den Turnieren so viele Lanzen zerbrochen haben, daß man ein ganzes Haus von den Splittern aufbauen könnte, sollte sich fürchten?

Frau von Orgon.

Bewaffnen Sie sich nur geschwind, und kommen Sie bald zurück, um ihm aufzupassen: so können wir uns rächen.

Melamp (fängt an zu zittern.)

Je nun, es sey drum, ich will mich bewaffnen — — Er kömmt doch gewiß allein?

Frau von Orgon.

Er hat es selbst im Briefe geschrieben; ja, ja ganz gewiß, gehn Sie nur.

Melamp.

Nun ein Mann muß herzhaft seyn, ich will es wagen. Vergessen Sie es aber ja nicht, mir zu Hülfe zu kommen. Ist Clitander mit Schieß-Gewehr versehen?

Martin.

Nein, er ist gar nicht bewaffnet, er wird bald hier seyn.

Melamp.

Ach, ich habe einen alten Doppelhaken zu Hause, wenn der hier wäre! er könnte uns gute Dienste thun.

Frau von Orgon.

Sie werden drinnen Rüstungen genug antreffen.

Melamp (zitternd.)

Nun es sey gewagt! kommen Sie aber ja gleich, wenn ich rufe. Komm Philipp, du mußt dich auch bewaffnen. O du verzagter Kerl zitterst?

Philipp (zitternd.)

O gnädiger Herr, gar nicht; ich bin so herzhaft als Sie! (sie gehen ab.)

Achtzehnter Auftritt.
Frau von Orgon. Martin.

Frau von Orgon.

Und Sie, Herr Martin, können unterdessen Sich zum Einpacken gefaßt machen. Ich will keinen Kuppler und keinen Betrüger im Hause haben; ich weiß wohl, daß du an allem Schuld haben wirst.

Martin.

Was mich doch das Glück verfolgt! Andere Leute machen dadurch ihr Glück, wenn sie Kuppler und Betrüger sind; und ich soll aus dem Hause gejagt werden? das ist gar nicht billig, gnädige Frau!

Frau von Orgon.

Morgen sollst du deinen Abschied haben: sey zufrieden, daß ich dich nicht hängen lasse. Geh und plage mich nicht weiter.

Martin.

Ich habe eben mein Amt bisher so getreu verwaltet; alle Bäume im Garten habe ich aufgezogen —

Frau von Orgon.

Aber alle Mädchen im Hause hast du verführt.

Martin.

O, glauben Sie das nicht, gnädige Frau! die haben sich
selbst verführt. Sie sind auch ohne Verführung schlau
genug, und Fräulein Christianchen verführte den Herrn
von Clitander.

Frau von Orgon.

Nenne mir ihn nur nicht! die Galle läuft mir gleich
bey seinem Namen über.

Martin.

Ich wollte es ihm noch verzeihen, wenn er, statt eines
jungen unerfahrnen Fräuleins, sich eine gesetzte, reife
Schönheit ausgelesen hätte, so wie die Ihrige, gnädige
Frau! ich weiß, daß vor zwanzig Jahren mancher junger
Herr vor Liebe gestorben ist.

Frau von Orgon.

Nun, wenn du versprichst gut zu thun, kann ich dich
wohl wieder in meinen Dienst nehmen. Du bist doch so
dumm nicht als ich dachte. Da kommt Herr von Me=
lamp schon.

Neunzehnter Auftritt.

Melamp. Philipp. (beyde auf eine lä=
cherliche Art gekleidet.) die Vorigen.

Melamp.

Sie sehen, gnädige Frau, ich bin gerüstet wie ein an=
derer Scanderbeg. Ich glaube doch, man kann durch die=
sen Harnisch nicht stechen. — Er wird auch wohl allein
kommen? ich will Ihnen doch eine Historie erzählen.

Frau von Orgon.

Sie sind ja recht wohl gerüstet! Sie sehen recht hel=

denmäßig aus. Nun bleiben Sie nur miteinander da
ſtehen, und empfangen Sie den Stußer wie er es verdient. Ich will unterdeſſen gehen und Chriſtianchen den
Kopf rechtſchaffen waſchen. Wenn der Larmen vorbey iſt,
ſo kommen Sie hinein; denn wollen wir Verlöbniß halten. Chriſtianchen muß, ſie mag wollen oder nicht. Ich
gehe gleich, um rechtſchaffen mit ihr zu zanken. (geht ab.)

Melamp.

Kommen Sie ja bald zurück, wenn etwa Gefahr dabey ſeyn ſollte. Bleib da, Martin! wo willſt du hin?

Martin.

Ich gehe, um ein wenig Bauren zuſammen zu rufen,
und Ihnen beyzuſtehen, wenn es nöthig wäre.

Melamp.

O! ja, komm aber bald mit ihnen hieher; laß ſie
ja alle mit Gewehr verſehen. Ich bin auf einem ge-
fährlichen Poſten — Was lauft da im Gebüſche?

Martin.

Es iſt nichts, gnädiger Herr! nichts als meine Kaße.

Melamp (zitternd.)

Laß ſie kommen, ich fürchte ſie nicht — komm ja mit
den Leuten bald! Clitander wird doch allein kommen?
(Martin geht ab.)

Zwanzigſter Auftritt.
Melamp. Philipp.

Philipp.

Jeßo ſind wir allein: bey aller meiner Rüſtung fängt

mich an zu frieren. Mit gnädiger Erlaubniß, ich will gleich wieder kommen, ich will nur einen Mantel holen.

Melamp.

Pfuy schäme dich, so verzagt zu seyn! deinen Herrn wolltest du im Stiche lassen? Es frieret mich so gut als dich; aber deswegen bin ich herzhaft. Meine Ahnen haben im letzten Türken-Kriege — O weh! kommt er nicht etwa schon?

Philipp.

Ich sehe nichts.

Melamp.

Ich wollte dir eine Historie von meinen Ahnen erzehlen: wo bin ich nun geblieben? Aber bey alle dem ist es eine verwegene Unternehmung, die wir jetzo vorhaben. Junge Leute sind hitzig, unvernünftig — Clitander ist jung, — dergleichen Leute sind allezeit fertiger damit, jemand den Hals zu brechen, als ihre Schulden zu bezahlen — wenn sich der Mensch ungezogen aufführte —

Philipp.

Ich dächte wahrhaftig, wir giengen hinein. Was haben wir nöthig auf jemand zu warten, der uns die Hälse bricht?

Melamp.

Ja wenn es niemand merkte — ich habe es versprochen. Es ist eine böse Sache um das Schildwach-Stehen, ich will es noch eine Weile aushalten — Geh du von einer Seite dort auf und ab, ich will hier auf und ab gehen. (beyde gehen furchtsam auf und ab: wie sie am Ende der Bühne an einander stoßen, fangen sie beyde an zu schreyen.)

Melamp.

Hülfe, Hülfe! wer ists? wer da? a! a!

Philipp.

Au weh! ich bin todt. Ach guter Freund!

Melamp.

Wer ists? bist du es, Philipp? Ach ich dachte, es wäre der Feind.

Philipp.

Ach sind Sie es, gnädiger Herr? ich dachte wahrhaftig das nemliche.

Melamp.

Wir müssen neben einander gehn. Ich will dir eine Historie erzehlen, Philipp!

Philipp.

O ich glaube, der Feind kommt im Ernste. Seyn Sie stille — — hören Sie nur.

Melamp.

Ach, ich höre etwas rauschen.

Philipp.

Ach da ist er!

Melamp (lauft in eine Ecke der Bühne, und ruft leise:)

Wo ist er?

Philipp

Ich erschrack nur für meinem eigenen Schatten; doch, stille! jetzt kommt gewiß jemand. Ich höre einen großen Lärm.

Melamp.

Ach das lärmt ja wie das wütende Heer! wohin soll ich mich verstecken? (er versteckt sich in der einen Ecke der Bühne, und Philipp in der andern.)

Philipp.

Es klingt fast wie Musik. Es rette sich wer kann.

G 4

Ein und zwanzigster Auftritt.

Ein Chor Bauren und Bäurinnen. Melamp. Philipp. Arist. Clitander. Fräulein Christianchen. Martin. Cathrinchen.

(Die Bauren und Bäurinnen kommen tanzend auf die Bühne; als sie eine Weile getanzt, ruft Melamp aus seinem Winkel:)

Melamp.

Philipp! Philipp!

Philipp.

Gnädiger Herr!

Melamp.

Was soll denn alles das bedeuten?

Philipp.

Ach, ich weiß nicht! ich glaube wir sind auf dem Blocks-Berge, und das ist der Hexen-Tanz.

Eine Bäuerinn singt:

Ein eifersücht'ger alter Freyer

Rühmt nur umsonst sein mattes Feuer;

Er wird fast allezeit berückt.

Wenn sich Verliebte heimlich küssen,

So wird er Schildwach stehen müssen:

Und das heißt in April geschickt.

Philipp.

Gnädiger Herr! hören Sie das?

Melamp.

Ey, da muß was darhinter stecken: komm, es sey gewagt. (Melamp und Philipp kommen hinein, die Bauren tanzen im Kreise um sie herum.) Einer von euch soll unglücklich seyn, wenn ihr nicht aufhöret.

Ariſt.

O ho! was iſt denn hier für ein lärmen? — Siehe da der Herr von Melamp! es iſt mir recht angenehm, Sie zu ſehen. Was wollen Sie aber mit alle dieſem Gewehr? Sie haben ſich vermuthlich bey Chriſtianchens Hochzeit maskiren wollen? es iſt mir und dem Bräutigam recht angenehm, Sie ſo luſtig zu finden.

Melamp.

Wie? wer? was für ein Bräutigam?

Ariſt.

Herr von Clitander hier! ſie ſind ſchon zuſammen ge⸗ geben.

Martin.

Was ſoll das heiſſen? hat man mich zum beſten?

Zwey und zwanzigſter und letzter Auftritt.

Die Vorigen.   Frau von Orgon.

Frau von Orgon.

Ich möchte wiſſen, was das für ein lärm in meinem Garten iſt, und wer Muſik hieher gebracht hat? was ſollen alle dieſe Poſſen heiſſen? wenn ich meine Bedien⸗ ten rufe — —

Martin.

Der Herr von Melamp hat, um ſich zu beluſtigen, Spielleute beſtellt: er will ſeinen Hochzeit-Tag feyerlich begehen.

Melamp.

Du unverschämtes Lügenmaul! warte, ich will dir schon deinen Lohn geben.

Frau von Orgon.

Herr Bruder! sind sie da? Sie haben gewiß wieder einen klugen Einfall gehabt? was wollen sie mit Ihrer Musik machen? gehört sich so etwas in ein so vornehmes Haus? Und du, Christianchen, gleich gehe nach Hause. Geh sage ich. Ich habe mich aus dem Athem gelaufen, um dich in der Sommerlaube zu suchen. Gehe zu! du sollst deinen Clitander nicht heyrathen, und wenn du rasend würdest.

Arist.

Sie haben Recht, sie soll ihn nicht mehr heyrathen: ich bin Ihrer Meynung.

Frau von Orgon.

Sie sind einmal vernünftig.

Arist.

Ja, sie soll ihn nicht mehr heyrathen: denn es ist schon geschehen. Und um uns Zeit dazu zu lassen, haben Sie die Gütigkeit gehabt, einen Spaziergang nach der Sommerlaube vorzunehmen; da Herr von Melamp so gütig war, Schildwache zu stehen.

Frau von Orgon.

Wie? was? Herr von Melamp, ist das wahr? Der Brief — —

Martin.

Ja, gnädige Frau! den habe ich mit Fleiß fallen

laſſen. Sie dachten, mich gefangen zu haben; aber alles
war ſchon ſo gekartet.

Frau von Orgon.

Du ſollſt an den Galgen, und Cathrinchen ins Zucht-
haus; und die Ehe iſt ungültig.

Fräulein Chriſtianchen.

Gnädige Frau Tante!

Frau von Orgon.

Packe dich aus meinen Augen.

Cathrinchen.

Es iſt ja nichts als ein alter löblicher Gebrauch: wir
wollen den erſten April begehen.

Frau von Orgon.

Wirſt du das Maul halten?

Clitander.

Herr von Melamp, Sie ſehen ganz verdrießlich aus!
ſoll ich Ihnen etwa wieder im Tanzen Le&tion geben?

Martin.

Erzehlen Sie mir doch eine Hiſtorie vom Schildwach-
ſtehen.

Melamp.

Der Henker hole euch alle miteinander, und den
erſten April darzu! es iſt nichts zu machen. Wenn
einer von euch einmal in mein Dorf kommt, ſo ſoll er
erfahren — — ihr verſteht mich ſchon. Ich gebe euch

meinen Fluch zum Hochzeit = Geſchenke.   Lebet wohl
(er lauft erzürnt ab, und Philipp ihm nach.)

Cathrinchen. (macht dem Philipp eine Verbeugung.)

Leben Sie wohl, Herr Kammerdiener!

Frau von Orgon.

Machen Sie was Sie wollen, mein überkluger
Bruder! Ich enterbe Chriſtianchen und alle ihre Nach=
kommen. Dich (zu Martin) jage ich aus meinen Dien=
ſten! ihr ſollt es mir alle noch bezahlen.

Ariſt.

Tröſten Sie ſich, Frau Schweſter! Sie ſind ja ſelbſt
noch nicht zu alt zum Heyrathen. Herr von Melamp
ſchickt ſich beſſer für Sie, als für Chriſtianchen; vielleicht
kann ich noch eine Heyrath ſtiften.

Frau von Orgon.

Ach, ich bin doch gar zu gut! — — ich kann nicht
lange böſe ſeyn. Nun, ich will alles vergeſſen und ver=
geben. Herr von Melamp aber iſt recht böſe, wir müſ=
ſen ihn beſänftigen. Ich muß hinein gehen, und eine
Arzney für die Aergerniß nehmen; macht indeſſen was
Ihr wollt.   (geht ab.)

Ariſt.

So iſt es recht : es iſt noch recht gut abgegangen.
Nun, ihr Kinder! macht euch unterdeſſen luſtig. Das war
ein glücklicher erſter April !

(Die Bauren tanzen wieder, hernach wird geſungen.)

Fräulein Christianchen.

Nein! nimmer will ich mich bequemen,
Und einen Greis zum Ehmann nehmen,
   Den schon das Alter quält und drückt.
Ein Greis, der die Gefahr nicht scheuet,
Und eine junge Schöne freyet,
   Wird allzeit in Aprill geschickt.

Clitander.

Lacht nicht, wenn eure Mütter lehren:
Ein Mädgen darf nichts zärtlichs hören;
   Die Unschuld wird sonst leicht bestrickt.
Ihr habts noch nicht, wie sie, erfahren;
Sie wurden, als sie jünger waren,
   Auch öfters in Aprill geschickt.

Arist.

Bramarbas schreyt von blut'gen Kriegen,
Ein Stutzer singt von Liebes-Siegen,
   Da sich ein Staatsmann lächelnd bückt.
Doch, die Erfahrung hats bewiesen:
Wer einem glaubt von allen diesen,
   Wird allzeit in Aprill geschickt,

Ein Bauer.

Die Mädgen in der Stadt sind spröde,
Aus Falschheit zärtlich, künstlich blöde,
  Und oft nur durch den Putz geschmückt.
Glaubt man nur ihren Schmeicheleyen,
So wird man mitten in dem Mayen
  Fast allzeit in Aprill geschickt.

Eine Bäuerinn.

Mirtill sprach jüngst: bey jenen Buchen,
Lisette, kannst du Veilgen suchen
  Schon hab ich manches dort gepflückt.
Sie gieng mit ihm zu sichern Gründen,
Sie konnte keine Veilgen finden,
  Und sie ward in Aprill geschickt.

Cathrinchen.

Philander sprach zu seiner Lauren:
Kind! meine Treu soll ewig dauren,
  Wenn mich nur jetzt dein Kuß entzückt.
Er hat noch mehr als diß geraubet:
Ein Mädgen, das den Stutzern glaubet,
  Wird allzeit in Aprill geschickt.

Martin an das Parterre.

Verzeiht, wenn wir mit unsern Stücken
Euch in Aprill bisweilen schicken:
    Ihr rächt Euch, wenn es uns nicht glückt.
O wenn der Kenner Beyfall schweiget,
Und sich nicht freudig klatschend zeiget,
    So sind wir in Aprill geschickt.

Straßburg,
gedruckt bey Jonas Lorenz, Buchdrucker.